五代史話

卞孝萱 著

中和出版
OPEN PAGE

出版緣起

我們推出的這套「大家歷史小叢書」，由著名學者或專家撰寫，內容既精專、又通俗易懂，其中不少名家名作堪稱經典。

本叢書所選編的書目中既有斷代史，又有歷代典型人物、文化成就、重要事件，也包括與歷史有關的理論、民俗等話題。希望透過主幹與枝葉，共同呈現一個較為豐富的中國歷史面目，以饗讀者。因部分著作成書較早，作者行文用語具時代特徵，我們尊重及保持其原有風貌，不做現代漢語的規範化統一。

中和編輯部

目錄

第一章　五代十國概況介紹

五代十國（九〇七—九六〇），是唐朝以後出現的一個分裂時代，是唐末藩鎮割據的繼續與發展。北方的後梁、後唐、後晉、後漢、後周五個王朝，史稱五代；南方的吳與南唐、吳越、閩、荊南、楚、南漢、前蜀與後蜀以及河東的北漢十個割據政權，史稱十國。五代十國這段歷史，頭緒紛亂，錯綜複雜。為了使讀者在閱讀本書時，先對更迭頻繁的小朝廷、犬牙交錯的割據政權，有一個簡要的認識，本章先將以上各個王朝、小國的建立經過、地理環境、政治簡況等，作一扼要的介紹，至於它們的史事，則在以後各章敘述。

一　後梁王朝

後梁王朝，是唐宣武軍節度使、梁王（後進封魏王）朱全忠（朱溫）於九〇七年建立的，建都開封，以洛陽為西京。

後梁傳三帝：太祖朱溫在位近六年，郢王朱友珪在位半年餘，末帝朱瑱（朱友貞）在位近十年，共十六年。

後梁轄境七十八州，實際統治區僅限於黃河以南，淮水、漢水以北和關中地區。吳越、閩、荊南、楚、南漢曾臣屬後梁，名義上是它的藩鎮。

後梁王朝是在三面受敵的形勢下存在的，北有強敵河東李克用、李存勖（xù）父子以及幽州劉仁恭、劉守光父子兩大割據勢力；南有淮南楊行密割據勢力；西有岐王李茂貞割據勢力。朱溫「經營社稷，千征萬戰」，百姓疲於征役，階級矛盾相當尖銳。

後梁王朝文物制度沿襲唐代，變革之處不多。在統治機構方面，中央依舊設三省六部，但內職崇政使（即樞密使）、建昌宮使、宣徽使的權力很大，宰相和六部長官承命而已，標誌着皇權的進一步加強。地方雖有州縣，政事亦聽命於節度使。對禮儀、廟制、祠祀相當重視，目的也是為了提高皇權。

二　後唐王朝

後唐王朝，是唐河東節度使、晉王沙陀族李克用之子李存勖於九二三年建立的。李克用卒於開平二年（九〇八）春，李存勖自行繼承晉王位。龍德三年（九二三）四月，李存勖即皇帝位於魏州（今河北大名東北），國號唐，史稱後唐。滅後梁，建都洛陽。以魏州為東京（後改稱鄴都），雍州為西京，太原為北京。後唐是五代第一個沙陀族王朝。

後唐傳四帝：莊宗李存勖在位近三年；明宗李嗣源（李克用養子，原名邈佶烈）在位七年多；閔帝李從厚在位四個月；末帝李從珂在位二年半多，共十三年。

後唐轄境一百二十三州，實際統治區包括河東、河北、河南、關中、秦、鳳、階、成及漢水以北地區。後唐是五代北方暫時統一時期。南方的吳，因後梁敗亡，去一宿敵，也和後唐建立關係，雙方曾互派使臣，但吳不稱藩臣，表示與後唐的關係是平等的鄰國關係。南漢也不稱藩臣，甚至呼莊宗為「洛州刺史」。吳越、閩、荊南、楚則依舊向後唐稱臣、朝貢。

閩於長興中絕朝貢，暫時不通中原。後唐滅前蜀，但得而復失，孟知祥建立了後蜀王國。在北方暫時統一的情況下，後唐和各小國大體上各自相安，從而出現全國的相對安定時期，推動了經濟的恢復和交流。

後唐繼後梁之後，進一步完備政治、經濟制度。如郭崇韜奏請整頓銓司，「澄汰甚肅」，注授之弊，略有改正；明宗因唐室侍讀之號，創設端明殿學士之職；加強刺史、縣令考課；整頓兩稅、鹽法等等。但是，在恢復封建制度中，也有嚴重的弊端，如宦官制度的恢復即大有害於政治的清明。後唐沒有發展已經出現的統一趨勢。

三　後晉王朝

後晉王朝，是後唐太原節度使、北京留守、大同、振武、彰國、威塞等軍蕃漢馬步總管石敬瑭於九三六年建立的。石敬瑭，太原人，據說出於「西夷」，可能是石國人。世代為邊將，依附沙陀族朱耶氏（李氏）。父叫臬捩雞，為李國昌、李克用部將。石敬瑭為李嗣源女婿。因此，石敬瑭也算得上沙陀族的人，後晉王朝可以認為是五代第二個沙陀族王朝。

石敬瑭在叛立過程中，為了達到稱帝之目的，不惜認契丹主耶律德光為父，甘當兒皇帝；並「願以雁門以北及幽州之地為戎王壽，仍約歲輸帛三十萬」①，作為對契丹貴族支持他的報償。石敬瑭這種以民族投降為條件，換取後晉王朝建立的可恥行徑，受到歷代史學家和漢族廣大人民的嚴厲譴責。

後晉建都洛陽，以開封為東京，太原為北京。吳越、閩、荊南、楚奉其正朔。

後晉傳二帝：高祖石敬瑭在位六年半；出帝石重貴在位四年半，共十一年。

後晉轄境一百零九州，實際統治區比後唐有所減少，因幽、薊十六州（亦稱燕雲十六州）已割給契丹。

後晉王朝以投降契丹為國策，給政治、經濟帶來極其嚴重的影響。民族矛盾日益尖銳。契丹貴族利用石重貴的無能和腐敗，發動大規模南侵，兵鋒所及，城郭為墟，生命塗炭。九四六年，契丹攻入開封，出帝被俘，後晉滅亡。翌年，石重貴舉族北遷，經范陽、薊州、平州、榆關，至遼陽，受盡契丹的侮辱，「自古亡國之醜者，無如帝（石重貴）之甚也」。②

四　後漢王朝

後漢王朝，是後晉北京留守、河東節度使、太原王劉知遠於九四七年建立的。劉知遠，沙陀族人，後漢王朝是五代第三個沙陀族王朝。

後漢建都開封，吳越、荊南、楚奉其正朔。

後漢傳二帝：高祖劉知遠在位僅一年；隱帝劉承祐在位三年，共四年。

後漢轄境一百零六州，實際統治區比後晉更為減少，秦、鳳、成、階四州入於後蜀。

後漢王朝是在激烈的民族矛盾中建立，又在激烈的階級矛盾中滅亡的。劉知遠撫御失度，征伐不息；劉承祐以少年嗣位，將相互相殘殺，三叛起於關西，遍地饑饉，民不聊生，其亡也速。

五　後周王朝

後周王朝，是後漢天雄軍節度使、鄴都留守、樞密使郭威於九五一年建立的，仍以開封為首都。後周是繼沙陀族三王朝之後建立的漢族王朝，也是五代中原地區的最後一個王朝。吳越、荊南、楚、南唐奉後周正朔。

後周傳三帝：太祖郭威在位三年；世宗柴榮在位五年半；恭帝柴宗訓在位半年，共九年。顯德七年（九六〇）正月初四日凌晨，歸德軍節度使、殿前都點檢趙匡胤在開封東北陳橋驛發動兵變，黃袍加身，建立北宋，後周亡。從後梁到後周，共五個王朝，八姓十四個皇帝，經歷了五十三年。

後周轄境一百一十八州，比後唐還少幾州。雖然併入了秦、鳳、成、階四州，淮南十四州及河北三州，但北漢建立，減少了十州。

後周王朝是在後漢的爛攤子上建立的。郭威在位，致力於整頓。政治上，以養子柴榮鎮守鄴都，穩定河北；恢復三省六部的權力，以有才幹的李谷等人主持政事；整頓法制。經濟上，招撫流民；停罷營田，將營田土地、廬舍、農具、耕牛分給營田戶，作為他們的永業；取消牛租，改革牛皮稅；停罷諸道州府作院等等，減輕了勞動人民的負擔。

柴榮在郭威整頓基礎上，繼續實行一系列重大的改革，舉凡法律、兵制、科舉、吏治、稅制，無不涉及，從而加強了國力，緩和了社會矛盾。在此同時，出擊北漢，收復西陲，進兵淮南，討伐契丹。柴榮的文治武功，為五代諸帝之冠，在中國歷史上，亦有一定地位。但因過早逝世，未能進一步糾正五代以來封建統治的種種痼疾。後繼者年幼，政權被趙匡胤所奪。

六　吳和南唐

吳的奠基者是唐淮南節度使、吳王楊行密。首府揚州。九〇七年，朱溫代唐，吳王楊渥正式獨立，但尚未建國，繼續用唐天祐年號。後梁貞明五年（九一九），楊隆演即位，改元武義，正式建國。後唐天成二年（九二七），楊溥稱帝。

吳傳五主：太祖楊行密；烈祖楊渥在位二年半；高宗楊隆演在位十二年；睿宗楊溥在位十七年多，共計三十二年。如從楊行密任淮南節度使（八九二年）算起，歷時四十六年。

吳轄境二十九州，包括淮南十四州，江南十五州，相當於今安徽淮河以南全境、蘇北大部、蘇南一部、江西全部、湖北東部。

吳是在南北受敵中建立的割據政權。為了自存，楊行密、徐溫進行了以後梁、吳越、江西為對手的兼併戰爭；徐溫、徐知誥執政期間，在內政上進行了廣泛的改革。吳的存在，阻止了朱全忠等的南下，起着保障南方不受北方戰亂侵擾的作用。

南唐，是吳太尉、中書令、齊王徐知誥於九三七年建立的。首府金陵，後期以洪州為南都，置南昌府。徐知誥為徐溫養子，稱帝後改姓名為李昪，冒充唐朝後裔，以便號召。

南唐傳三主：烈祖李昪在位六年；元宗李璟在位十八年；後主李煜在位十五年，共三十九年。其間自昇元元年（九三七）至交泰元年（九五八），李昪、李璟皆稱帝；交泰元年後淮南十四州入後周版圖，李璟去帝號，稱國主，奉後周王朝正朔。北宋建立，又奉北宋王朝正朔。

南唐轄境三十五州，比吳增六州，這六州是伐閩時所兼併的建、劍、汀、漳、泉五州和新置的江西筠州；後周平淮南，南唐僅有江南二十一州。

政治上，南唐的官制、法律、科舉、禮樂、衣冠都承唐制；經濟上，經過長期休養生息，農業、手工業和商業都有相當發展；文化上，興科舉，辦學校，「六經臻備，諸史條集，古書名畫，輻湊絳帷」。③文藝之盛，為五代各政權之冠，產生了許多著名的詞人和畫家。

南唐既沒有統一南方，也沒有北伐中原，這固然有其客觀原因，也由於南唐統治者主觀上缺乏遠大的目標、振作的精神和徹底的內政革新。南唐的興亡，是一面歷史的鏡子。

七　吳越

吳越是唐鎮海、鎮東軍節度使、吳越王錢鏐（liú）建立的。首府杭州。吳越奉中原王朝正朔，朝貢最勤，請求封爵，與吳對抗；但曾於開平二年（九〇八）改元天寶，後又用寶大、寶正等年號。吳越正式建國於後唐同光元年（九二三）。

吳越傳五主：武肅王錢鏐在位二十五年；文穆王錢元瓘在位九年；忠獻王錢佐在位六年；忠遜王錢倧在位僅數月；忠懿王錢俶在位近三十二年，共七十二年。如從唐景福二年（八九三）錢鏐開始兼併浙東算起，共八十六年。

吳越轄境十三州，包括今浙江全省和太湖東北部、東部和南部。吳越在錢氏治理下，政治上比較安定，文士薈萃，人才濟濟；經濟繁榮，漁鹽蠶桑之利，甲於江南；海上交通發達，中外經濟文化交流頻繁；文藝也稱盛於時。

八 閩

閩是唐威武軍節度使王審知建立的。首府福州。唐光啟初年，王潮、王審知兄弟隨光州刺史王緒輾轉入閩。王緒為部下所殺後，王潮統率了這支軍隊。唐景福二年（八九三）王潮攻入福州，任福建觀察使，後升任威武軍節度使。潮死，弟審知繼任。王氏奉後梁、後唐正朔，朝貢不絕。雖一度與後唐脱離關係，後晉時又恢復朝貢。王鏻於後唐長興四年（九三三）稱帝，國號大閩，改元龍啟。

閩傳五主：忠懿王王審知在位十八年；嗣王王延翰在位不足一年；惠宗王鏻在位十年；康宗王昶在位三年；景宗王曦在位六年。又天德帝王延政在位三年。從五代後梁開平元年（九〇七）到後晉開運二年（九四五）南唐滅王延政，共三十九年。如從王審知任威武軍節度使

（八九八）算起，共四十八年。

閩轄境僅五州，包括今福建全省。南唐、吳越瓜分閩國後，漳、泉兩州的頭子留從效，名義上臣服南唐，實際上割據一隅。

閩在王審知統治期間，政治穩定，農業生產有所發展，海上交通也相當發達。王審知死後，王氏統治集團荒淫奢侈，對人民剝削加重，內亂不止，國勢江河日下，終於滅亡。

九　南漢

南漢是唐清海軍節度使劉隱建立的。劉隱之父劉謙，曾任廣州牙將、封州刺史兼賀水鎮使。唐天祐二年（九〇五）廣州兵亂，劉隱平亂有功，升任清海軍節度使。唐亡，劉隱遂割據嶺南。後梁建立後，劉隱稱臣，朱溫封他為南平王，進封南海王。乾化元年（九一一）劉隱死，弟龑（yǎn）繼為清海軍節度使。後梁末帝時，劉龑封南海王，貞明三年（九一七）稱帝，國號大越，首府廣州。翌年改國號為漢，史稱南漢。

南漢傳四主：高祖劉龑在位三十一年；殤帝劉玢在位一年；中宗劉晟在位十五年；後主劉鋹在位十四年，共六十一年。如從劉隱、劉龑兄弟任清海軍節度使算起，共六十七年。

南漢轄境四十七州，包括今廣東全省、廣西東部。劉龑時，平定交州曲承美，盡有其地。

南漢為嶺南僻處，唐末遺臣客居其地者甚多，皆為劉隱、劉龑兄弟延攬重用，故「為國制度，略有次序」。南漢有海上貿易之利。其後繼者淫刑黷貨，使嶺南地區成為一座人間地獄。

十 楚

楚是唐武安軍節度使馬殷建立的。馬殷原是唐末軍閥孫儒的裨將。孫儒敗死於江南，部眾在劉建峰、馬殷率領下，經江西攻入湖南，佔領潭州。劉建峰殺潭州刺史鄧處訥，為湖南節帥。唐乾寧三年（八九六），劉建峰被軍卒所殺，馬殷繼任。翌年，唐王朝以馬殷為武安軍節度使。後梁太祖封他為楚王，開平四年（九一〇）加天策上將軍銜，遂開天策府，置左、右相，初具立國規模。後唐天成二年（九二七）封馬殷為楚國王，正式建國，以長沙為首府。奉中原王朝正朔。

楚傳六主：武穆王馬殷在位二十三年；衡陽王馬希聲在位三年；文昭王馬希範在位十五年；廢王馬希廣在位二年；恭孝王馬希萼和馬希崇在位二年，共四十五年。如從唐乾寧三年（八九六）馬殷開始控制潭州算起，共五十六年。

楚轄境十州，包括今湖南全省，曾控制過原桂管地區。楚在馬殷統治時期，境內安定，農業發達，商業繁榮。馬殷死後，諸子內訌不斷，為南唐所滅。

馬氏政權滅亡後，王逵、劉言、周行逢三個軍閥相繼稱雄。後周顯德元年（九五四），柴榮以周行逢為武清軍（鄂州）節度使、權知潭州軍府事，三年，升任朗州大都督、武平軍節度使。周行逢治楚九年，卒後，子保權繼任。北宋平荊湖，周保權歸宋。

十一　荊南

荊南是後梁荊南節度使高季興建立的。高季興在朱溫死後，開始割據。後梁末帝時封他為渤海王，後唐時封南平王。首府江陵。奉中原王朝正朔。

荊南傳五主：武信王高季興在位二十二年；文獻王高從誨在位二十年；貞懿王高保融在位十二年；高保勖在位二年；高繼沖在位一年，共五十七年。

荊南轄境僅荊、歸、峽三州。

荊南雖小，但地理位置重要，是四鄰各政權的緩衝地帶。高氏父子，稱臣於中原王朝以求賞賜，攔截過路的使節商旅，沒收財物，對方派兵來討，則歸還，毫不慚愧，是一個典型的無賴，故諸國皆目為「高賴子」。但從自存角度看，高氏父子確有權術，善於利用矛盾，以維護自己的統治。

十二　前蜀和後蜀

前蜀是由唐西川節度使、蜀王王建於九〇七年建立的。首府成都。前蜀傳二主：高祖王建在位十二年；後主王衍在位七年，共十九年。如從唐大順二年（八九一）王建任西川節度使算起，共三十五年。

前蜀轄境四十六州，包括今四川省全部、陝南地區和貴州一小部分。

王建少年時代屠牛、盜驢、販鹽，號稱「賊王八」。後補忠武軍卒。僖宗時因護駕有功，做了禁軍將領。王建入川以後，逐步擴大勢力，謀求割據。他稱帝後，不承認後梁王朝的正統地位。在政治上，網羅唐名臣世族，予以重任，「故典章文物有唐之遺風」。④經濟上，實行勸農，生產得到恢復和發展。但王建晚年，后妃干政，宦官專權，諸王內訌，政治敗壞；繼承者王衍只知淫樂。後唐同光三年（九二五），前蜀被後唐所滅，王衍投降，押至關中被害。

後蜀是由後唐劍南西川節度使孟知祥於九三四年建立的，國號也叫蜀，史稱王氏蜀國為前蜀，孟氏蜀國為後蜀。首府成都。

後蜀傳二主：高祖孟知祥在位僅數月；後主孟昶在位三十一年，共三十二年。如從孟知祥鎮蜀算起，共四十年。

後蜀轄境和前蜀相同。一度因秦、鳳、成、階四州歸附，有所擴大。後周顯德初，四州復歸中原王朝。

孟知祥從節度西川到稱帝，時隔八年之久，他一方面對抗後唐明宗，另一方面兼併東川，為立國打下基礎。孟昶在位時，政治腐敗，但值中原後唐、後晉、後漢、後周四王朝更迭，無暇西顧，得以保境。後周取秦、鳳、成、階四州，後蜀北部防線崩潰。北宋統一戰爭開始後，後蜀只有投降。

十三　北漢

北漢是由後漢高祖劉知遠之弟劉崇（即位後改名旻）於九五一年建立的。首府太原。

北漢傳四主：世祖劉崇在位四年；睿宗劉承鈞在位十三年；少主劉繼恩在位僅數月；英武帝劉繼元在位十二年，共二十九年。

北漢轄境十州，包括今山西中部和北部。

後漢時劉崇任太原尹、北京留守、中書令。郭威代漢之前，劉崇已為劉氏政權朝不保夕而不安。判官鄭珙對他說：「漢政將亂矣！晉陽兵雄天下，而地形險固，十州徵賦足以自給。公為宗室，不以此時為計，後必為人所制。」⑤從此圖謀割據。後周建立，他即稱帝，仍以漢為國號，史稱北漢（亦稱東漢），以區別於劉知遠的後漢。

郭威死後，劉崇以為柴榮新即位，政權不鞏固，傾國南侵，與後周大戰於高平，北漢幾乎全軍覆沒。劉崇隻身遁歸，翌年病死。

北漢劉氏和後晉石敬瑭一樣，對契丹奉行民族投降政策。劉崇藉契丹騎兵發動高平之戰；以叔父之禮事契丹主永康王兀欲，對契丹備加奉承。劉承鈞向契丹主稱男，述律呼之為兒。劉繼恩也繼續和契丹保持聯繫。北漢地狹產薄，劉氏「徵斂一方，略無虛日，人甚苦之」。⑥這個政權沒有存在的理由，不得與南方諸國同等看待。

注釋：

① 《舊五代史》卷七五，晉高祖紀。

② 《舊五代史》卷八五，晉少帝紀論。

③《金華子雜編》卷上。
④《十國春秋》卷三五，前蜀高祖本紀。
⑤《新五代史》卷七〇，東漢世家。
⑥《舊五代史》卷一三五，劉崇傳。

第二章　五代十國的政治

五代十國時期，從時間上說，只有半個世紀，但是割據政權林立，政治極其腐敗，封建制度固有的黑暗面，於此充分暴露。研究五代十國的政治史，可以加深我們對封建制度反動本質的認識。然而，五代十國的政治多少也有一些可以肯定的地方，不能採取歷史虛無主義態度，應當實事求是地加以總結。

下面分十個問題來談。

一　軍閥混戰

五代十國時期，軍閥之間不斷地進行殘酷的兼併戰爭。五代十國的歷史，就是在「毒手尊拳，交相於暮夜；金戈鐵馬，蹂踐於明時」①的軍閥混戰中開始的。

柏鄉之戰

朱溫基本控制了河北，河東李克用伺機反擊。唐天祐三年（九〇六），當朱溫準備拔除劉仁恭（幽州節度使）之子劉守文盤據的滄州時，李克用決定強攻潞州，來一個出其不意。這一着果然奏效。晉軍包圍潞州，梁軍守將丁會投降，潞州陷落。朱溫聞報，倉惶從滄州前線撤兵，輜重付之一炬。這次撤退使朱溫威望大減。他害怕內部動搖，在翌年春稱帝建國。

朱溫反攻潞州未能得手，晉軍周德威以輕騎抄略梁軍糧道，攻打夾寨（潞州城下，更築重城，謂之夾寨），使梁軍統帥李思安束手無策。開平二年（九〇八），晉王李克用卒，子存勖繼位。李存勖以為潞州（上黨）是河東屏障，沒有潞州對河東不利。晉軍擊潰了包圍潞州的梁軍。李存勖的用兵術，使朱溫大驚。他說：「生子當如李亞子（存勖小名），克用為不亡矣！至如吾兒，豚犬耳！」[2]潞州圍解，河東威振，鎮（王鎔）、定（王處直）見形勢驟變，動搖了附梁的決心。開平四年（九一〇）朱溫出兵深、冀，欲除掉王鎔勢力。王鎔向河東求救，晉和鎮、定聯盟抗梁的局面形成；後梁為了力爭保護河北，不惜一切，出兵再戰，於是有柏鄉（今河北柏鄉）之役。

柏鄉之役雙方的兵力部署情況是：晉軍有周德威等騎兵三千和王鎔

的鎮州兵、王處直的定州兵；梁軍有王景仁率領的禁軍、魏博兵八萬。梁軍守柏鄉，採用以逸待勞戰術。從地形、兵力、裝備幾個方面看，梁軍處於優勢；但晉軍是騎兵，機動性和進攻能力大，對梁軍構成威脅。晉軍在離柏鄉三十里的高邑向梁軍挑戰，梁兵不出。晉軍進至野河北岸，離梁軍只有五里地。這時，兩軍相對，梁軍的鎧冑（kǎi zhòu）華麗，在陽光的照射下，光彩奪目，晉軍望見，有些氣餒。但晉軍的周德威有膽略，他知道梁軍志在堅守待機，必須首先打掉梁軍銳氣，就提出了引誘梁兵出城，聚而殲之的策略。李存勖採用了周德威的建議，從野河北岸後撤至高邑。果然，梁軍主將王景仁見晉大軍後撤，只有周德威、史建瑭騎兵挑戰，便傾巢而出，一戰而奪取野河上橋樑，打垮了鎮、定步兵。大戰就在橋北展開了。梁軍以魏博兵為右翼，梁兵為左翼，一直推進到高邑南。這時已到中午，梁軍尚未吃飯，士卒腹飢力疲，漸無鬥志。王景仁引軍稍稍後撤，晉軍便抓住這個機會，以騎兵猛烈突擊梁軍，周德威攻右翼，李嗣源攻左翼，鼓噪而進，梁兵驚駭而敗。這時，晉軍李存璋率領的步兵大隊也趕上，梁軍丟盔棄甲，死傷殆盡。

這一仗使後梁喪失了對河北的控制權。朱溫一怒之下，逮捕了主將王景仁，剝奪了他的兵權。

李存勖乘勝北上攻燕，朱溫不甘心柏鄉之敗，親自督師攻鎮州之棗強，把全城人屠殺了，以報柏鄉敗北之仇。傳說晉軍大至，朱溫急奔冀州。冀州蓨縣（今河北景縣）人民，恨梁軍騷擾，「持鉏耰（chú yōu）白挺追擊」梁軍，朱溫聞之大駭，拔腳走貝州，又一怒之下殺了幾個將領。朱溫回到洛陽，被朱友珪殺死。從此後梁王朝由盛轉衰。

無錫之戰

吳和吳越處於對立地位。吳自楊行密以來，一直與後梁為敵；而吳越則奉後梁正朔。吳和吳越爭奪地盤，反覆較量。五代初，吳和吳越的實際控制線，大抵以太湖中心線為分界，湖東（包括蘇州）屬吳越；湖西屬吳。但雙方都謀求攻取對方屬地，在蘇州、常州一線長期混戰。

開平元年（九〇七），朱溫以錢鏐兼淮南節度使，意在挑動錢鏐攻吳。這時楊行密已死，其子渥為吳王。二年（九〇八），錢鏐果然遣使赴開封，陳取淮南之策。是年吳攻蘇州，吳越攻常州，互相廝殺。三年（九〇九），在蘇州戰役中，吳越軍設計破壞了吳軍攻城的「洞屋」（用牛皮包裹外面，以木柱支撐四角的古代坦克），內外夾擊，大破吳軍，擒其將何朗等三十餘人，繳獲戰艦二百艘，又敗吳將周本軍於黃天蕩（屬蘇州長洲縣）。貞明五年（九一九），吳越錢元瓘率水軍從常州之東洲，溯江而上，大舉伐吳，在狼山江面（今江蘇南通市東南有狼山，狼山南面一段長江即狼山江面），吳軍大敗。接着吳越錢元瓘又將兵三萬進攻屬於吳國的常州，徐溫親自率領吳師抵抗。兩軍在無錫發生大戰。

這一年的七月，徐溫率領的步軍接近太湖北面的無錫；另一路水軍在陳璋指揮下，從長江直下海口，自太湖和海口的江道，進入太湖，到達東洲，從南面圍攻吳越軍。戰爭開始後，徐溫忽然發高燒，不能指揮，吳越軍以猛烈的攻勢，向吳軍的中軍壓來，「飛矢雨集」。這時陳彥謙急中生智，把中軍旗鼓移到左軍，轉移吳越軍的攻擊方向，使徐溫所在的中軍從危急中解脫出來。陳彥謙又找來一個相貌和徐溫差不多的人，讓他穿戴上甲冑，冒充徐溫，發佈軍令，以穩住吳軍軍心。徐溫休息後，病情減輕，又出陣指揮。當時正值大旱，枯草遍野，吳軍抓住時機放火，烈火順風向吳越軍陣地撲去，「吳越兵亂，遂大敗」，大將何逢、吳建被吳軍殺死，萬餘將士喪生。錢元瓘領着殘部逃竄，路上又遭到截擊。陳璋的水軍也在香灣擊敗吳越軍。

無錫之役以吳越的失敗而告終，這不是偶然的。吳自徐溫執政以來，改革內政，國力大增，加上徐溫等吳軍將領不僅有作戰經驗，而且要報蘇州、狼山江面失敗之仇，志在必勝。無錫戰役後，雙方都精疲力盡，感到需要休兵睦鄰。

夔、忠、萬之戰

朱溫死後，荊南高季興「阻兵自固」，實際上已脫離後梁而獨立。李存勖滅了後梁，高季興害怕殃及自己，主動去洛陽求見李存勖，險些被殺。

在李存勖攻蜀時，魏王李繼岌（jí）把他在成都掠來的寶貨，裝船從水路運往洛陽，時值李嗣源發動兵變，李存勖被殺，高季興便乘機漁利，在峽口截擊沿長江而下的後唐船隊，搶走所有的寶貨，殺了押運貨物的後唐牙將韓珙。

李嗣源稱帝，高季興表求夔、忠、萬州，得到允許。高季興得了三州，又要求三州刺史由他的子弟擔任，不由朝廷任命。後唐不答應。高季興就乘夔州刺史潘炕罷官之機，派兵襲取夔州。當時後唐已派西方鄴為夔州刺史，高季興不接受，加上峽口掠貨事件，使李嗣源大怒，遂於天成二年（九二七）派襄州節度使劉訓、新授夔州刺史西方鄴等統率數萬兵馬，從三面討伐荊南。高季興堅壁以拒劉訓軍，率水師以應西方鄴部。這次討伐，對於高季興來說，壓力很大。峽口之戰，荊南水軍大敗。梁震對高季興說：「朝廷打着征伐旗號，兵雖少而勢實大；加以四方諸侯（指吳、楚）各以吞併為志，只恨沒有下手的機會，你如被打敗，就一切都完了；即使僥倖一勝，朝廷一定會徵兵四方，誰不想假借討伐的旗號，奪取荊南這塊土地呢？我看不如請罪求和，或許能保全江山吧。」高季興接受梁震建議，向後唐求和。後唐已取夔、忠、萬三州，劉訓屯兵不前，馬殷不聽指揮，無心再圖荊南。這次戰爭就這樣結束。高季興保全了舊有地盤。

福、建之戰

閩在王審知死後，國勢日下。到了永隆六年（九四四），禁軍將領朱文進、連重遇再次發動軍事政變，殺閩主王曦，福州王氏政權滅亡。朱文進自稱閩主。當時踞有建州的王延政，已自行建國曰殷。他以王氏合法繼承人資格，出兵討伐朱文進，並取得泉、漳、汀三州原王氏部將的支持。這時福州內部又發生混戰，連重遇殺了朱文進，裨將林仁翰又殺連重遇。③

南唐中主李璟，憑恃國力強盛，不再講保境安民。馮延巳、馮延魯、魏岑、陳覺與查文徽五人「更相汲引，侵蠹政事」④，時稱「五鬼」。馮延魯、查文徽以為閩大亂是他們牟取功名的好機會，於保大二年（九四四）奏請伐閩，由查文徽引兵越過武夷山，直攻建州。王延政派張漢卿率師抵抗南唐軍隊，查文徽退保建陽。南唐軍另一支部隊在邵武被王延政軍擊破，南唐翰林待詔臧循被俘送建州斬首。

查文徽屯兵建陽，向李璟求援。保大三年（九四五）初，李璟派何敬洙等人率兵三千，進兵武夷山區的崇安，準備攻建州。王延政派楊思恭等人阻擊何敬洙部，被打敗。南唐軍乘勝攻下建州，「大掠數日，民不堪命」。

南唐攻下建州後，殷政權亡。陳覺等人以為乘勝可取福州。混亂中的福州已由王審知的舊將李仁達控制。陳覺經李璟詔准，以宣諭使名義前往福州，勸降李仁達，李答應在福州局勢安定後即到金陵入覲。陳覺返回途中，恥於自己未能達到預期目的，就假借李璟命令，調發建、汀、撫、信（今福建的建甌、長汀地區和江西的撫州、上饒地區）之兵，討伐福州；馮延魯也趕來參加。李仁達向吳越求救，錢佐派兵支援。於是南唐攻福州之戰演變為南唐與吳越的戰爭。起初，南唐軍數萬人在馮延魯、魏岑、王崇文指揮下，把福州城包圍起來，聲勢很大。但陳覺、馮延魯、魏岑各謀私利，不肯協力，而王建封、留從效又不聽指揮，南唐軍徒有聲勢而無凌厲的攻勢。吳越水軍從海上到達白蝦浦登陸，冒死衝鋒。馮延魯不懂軍事，認為福州之所以死守，就是等待這支吳越救兵，不如讓他們上岸，然後殲滅他們，這樣福州城就會不攻自降。裨將孟堅反對，認為讓吳越兵登岸，其鋒不可當，怎麼能殲滅呢！馮延魯不聽，吳越兵衝上來後，馮延魯抵擋不住，棄眾逃跑，孟堅戰死。福州城中李仁達出兵夾擊，南唐兵一敗塗地，死者二萬餘人，丟棄輜重無數。

這次歷時數年的混戰，結果是肢解了閩，南唐佔建、汀、漳、泉四州，吳越佔福州。戰爭中受害的是建、福兩州人民。南唐亦因此役而「府庫中耗，民不堪命」。⑤

以上是從五代十國時無數次軍閥混戰中挑選出來的四個例子，它說明五代十國政治的特點之一是「勢均者交鬥，力敗者先亡」。由於混戰，社會經濟的發展不可避免地受到影響。

二　法制的破壞與恢復

五代十國的統治者曾多次修訂法律，企圖以此作為鞏固統治的手段。

後梁開平三年（九〇九）十一月，太常卿李燕等人奉命刪定律令格式，至四年（九一〇）十二月完成這一工作，計有律令三十卷、式二十卷、格十卷、目錄十三卷、律疏三十卷，共一百零三卷。定名為《大梁新定格式律令》⑥，頒下施行。大理卿李保殷另撰《刑律總要》十二卷進呈。後梁這次重定的法律是依據唐律而刪定的，據後唐同光元年（九二三）御史台奏，後梁此次修訂，係「刪改事條，或重貨財，輕入人命，或自徇枉過，濫加刑罰」。⑦可見經過修訂的後梁律比唐律嚴酷了。

後唐統治者以唐王朝的繼承者自居，目朱溫為僭逆、後梁為偽朝，所以後唐建立後，從定州找到唐朝格式律令二百八十六卷作為依據，並新訂幾部法律。頭一部就是刑部尚書盧價纂集的《同光刑律統類》十三卷。⑧但後唐天成初，法律混亂的情況還未根本改變過來。據大理寺奏稱，現有法書包括唐《開元格》《開成格》及《梁格》並《目錄》，判刑無所適從。因而御史大夫李琪奏稱「今莫若廢偽梁之新格，行本朝之舊章」。⑨但唐《開元格》與《開成格》內容不完全一致，最後准旨以《開成格》為準，因為《開成格》是「關於刑獄」的法律，切合當時的需要。長興四年（九三三）敕御史中丞龍敏等詳定《大中統類》。清泰二年（九三五），御史中丞盧損等又將清泰元年以前十一年內制敕可久遠施行者凡三百九十四道，彙編成書，計三十卷。由此可見，後唐既行用唐朝法律，也新纂了幾部法律。

後晉石敬瑭規定：「唐明宗朝敕命法制，仰所在遵行，不得改易。」⑩但這樣做實際上有困難，就另派左諫議大夫薛融等重新編輯明宗朝（及清泰前後）經久可行的敕文，彙為三十一卷，命有司寫錄，與格式參用。天福四年（九三九），有人上言編纂《大晉政統》，因太子少師梁文矩反對，其事未行。

後周重視恢復法制。郭威稱帝後，鑑於後漢末「因兵亂法書亡失」，詔令侍御史盧億等以後晉、後漢及後周初有關刑法敕條一十六件，編為兩卷，名曰《大周續編敕》。顯德四年（九五七），柴榮鑑於經過整理以後的法律，仍是照抄舊的條文，內容龐雜、重複，文詞意義不明，不適合新王朝建立封建秩序的需要；為了統一法令，使「民不陷刑，吏知所守」，決定重新編訂一部簡明的法律。這就是顯德五年（九五八）完成的《大周刑統》。

十國中，法律比較完備的是南唐。李昪比較注意建立封建秩序。昇元三年（九三九），他命有關官署制定《昇元格》，與《吳令》並行，使官吏有法可循，百姓有法可遵。六年（九四二）正式頒佈《昇元刪定條》，計三十卷。《昇元刪定條》是李昪輔吳以來改革法律的總結，它的完整內容雖已不可曉，但從一些零星記載中可略知一二。如釋文瑩《玉壺清話》「李先主傳」說：「時（指南唐建立初）天下罹亂，刑獄無典，因是凡決死刑，方用三覆五奏之法。民始知有邦憲，物情歸之。」這裡所指的決死刑要用三覆五奏法，應是昇元法律的內容之一。

以上情況說明，五代十國的法律（包括律令格式）是以唐朝的法律為基礎加以修訂。歷次修訂大都側重在刑法，這是當時激烈的社會矛盾所決定的。

在五代十國中，有一些統治者從鞏固政權、穩定社會秩序出發，執法嚴格，在一定程度上為勞動人民的生產和生活，提供了比較安定的環境。例如：後唐明宗李嗣源是比較重視法制的。他在位時，重治枉法貪贓者，規定：「枉法贓十五匹，絞」，而《格》的規定是二十匹才絞，比《格》更嚴厲。究其原因，是鑑於「喪亂以來，廉恥者少，舉律行令，誡人遠財」。[11]也就是說，用重刑意在集中打擊官吏中的枉法貪贓歪風，以使上下知禁。一旦「犯既漸寡」，就「法亦宜輕」。長興四年（九三三）又敕令枉法貪贓者，準《格》處分。當時還規定，「凡有告事者，除鹽曲條流外，宜據輕重，依理施行，不在格賞之限」。[12]以防止告發偽濫。

後周郭威注重依法量刑。他改革了後晉、後漢統治者濫刑好殺的野蠻作風，下令規定：犯有竊盜贓及和姦罪者，「除反逆外，其餘罪並不得籍沒家產，誅及骨肉，一依格令處分」。柴榮也比較重視法制。早在鄴都時，有個叫王贊的官吏，熟悉律令，每次柴榮審理獄囚，王贊都能引用律令，剖析中理。柴榮做了皇帝以後，在懲辦貪官污吏和整軍中，也運用了法律武器，收到良好效果。

在十國中，楊行密、徐溫、李昪、錢鏐、王審知、馬殷、王建、孟知祥等人和某些「良吏」「循吏」在依法、寬刑上也做過一些好事。如李昪認為「犯法自有常刑」⑬，不能用賜毒酒等方法去殺人。昇元年間「多用經義法律取士」。⑭他的妹婿王崇文任吉州刺史，「吉州民多爭訟，古稱難治，崇文奉法循理，無所侵擾，吏民便之」。⑮

但是，就五代十國總的情況看，違法行為是層出不窮，草菅人命的事是所在皆有。這裡舉一些例子。

後漢王朝的酷刑是駭人聽聞的。史弘肇掌管禁軍，負責警衛都城，「不問罪之輕重，理之所在，但云有犯，便處極刑」。⑯有一次白天出現太白（金星），百姓有抬頭觀看的，被坊正（相當於保長）拘留，立即腰斬。其他斷舌、決口、斮（zhuó，刀砍）筋、折足的，幾乎每天都有。蘇逢吉嗜殺不亞於史弘肇。他為了霸佔前宰相李崧第宅，引誘李崧的僕夫誣告主人謀反，將李崧兄弟下獄，並在李崧弟李嶼自誣供詞上，將二十人改為五十人，李崧一族因此被殺絕。他負責「靜獄」（清理監獄），把獄中囚犯殺光，說「獄靜」了。當時階級矛盾十分尖銳，百姓紛紛起來反抗後漢王朝的暴政。蘇逢吉親自草擬詔書，頒佈州縣，命令凡所謂「盜」者，其本家及鄰保「皆族誅」。就是說，所有反抗者的家屬及鄰里鄉親統統被斬盡殺絕。後因一些臣僚反對這樣做，蘇逢吉才勉強廢除族誅。

在史弘肇、蘇逢吉的濫刑下，後漢王朝從中央到地方動輒殺人。鄆州（州治在今山東東平縣西北）「捕賊使者」張令柔，把平陰縣的十七村百姓數百人殺光。衛州（州治在今河南汲縣）刺史葉仁魯，帶兵鎮壓農民起義時，把被他們裹脅參加「捕盜」的村民，也當作「賊」，「悉擒之，斷其腳筋，暴之山麓，宛轉號呼，累日而死。聞者不勝其冤」，而蘇逢吉還認為葉仁魯能幹。「由是天下因盜殺人滋濫。」⑰

後漢時，不僅造反要被族誅，凡是觸犯了鹽法、酒法、礬法、麯法者，不論斤兩多少，也「皆抵死」。貪官污吏往往因此敲榨勒索，誰被誣為私自販賣、製造酒、麯或私賣鹽，即行處死，以致民不堪命。

後漢刑法之酷還表現在節度使、刺史、縣令任意立法設刑。如劉銖在青州節度使任內，「民有過者，問其年幾何，對曰若干，即隨其數杖之，謂之『隨年杖』。每杖一人，必兩仗俱下，謂之『合歡杖』」。⑱這種任意用刑的情況，說明後漢王朝哪有法制可言。

五代各王朝中，各地節度使、刺史、縣令、牙將不法的例子還很多，不一一列舉。

南方各國實行酷刑的也不少，南漢可以說是典型。劉龑是歷史上暴虐的統治者之一。他以殺人為樂，使用灌鼻、割舌、肢解、剞剔、炮烙、烹蒸等極端殘酷的手段。甚至把人推入養滿毒蛇的水牢裡，叫做下水獄；或者把人投入熱水沸騰的大鐵鍋裡；或者用錘子敲、鋸子鋸，被刑者「血肉交飛，冤痛之聲充滿庭廡（wǔ，堂下周圍的廊屋）」。劉玢、劉晟也是以殺戮為能事。劉晟因殺兄而立，害怕臣下不伏，「乃益峻刑法以威眾」。

閩王鏻統治時期，國計使薛文傑聚斂，「陰求富民之罪，籍沒其財，被榜捶者胸背分受，仍以銅斗火熨之」。⑲

吳越錢氏「自鏐世常重斂其民以事奢僭，下至雞魚卵鷇，必家至而日取。每笞一人以責其負，則諸案史各持其簿列於廷，凡一簿所負，唱其多少，量為笞數，以次唱而笞之，少者猶積數十，多者至笞百餘，人尤不勝其苦」。⑳農民交不出租賦，就被關押吊打，何其毒也！

楚周行逢，果於殺戮，任意用酷刑對待部屬和百姓，「民過無大小皆死」。㉑

在法制大壞的五代十國時期，後周、南唐重視恢復法制，雖然是從鞏固其統治出發，畢竟維持了安定的環境，應予肯定。

三　不拘一格用人

五代十國統治者用人的特點是，除了通過科舉選拔外，還從軍校、幕僚中不次錄用。

後梁雖征戰不斷，但亦實行科舉。開平二年（九〇八），諸道送京應試舉人一百五十七名，受到朱溫召見。後梁科舉比唐代有一些變化，如：停止拔解；奏設文科。公卿親屬、將相子孫，如有文行可取者，允許所在州府薦送，名曰「以廣毓材之路」，實則以薦送名義為公卿將相子弟應試敞開方便之門。後梁不皆以禮部侍郎主試，兵部尚書姚洎、兵部侍郎楊涉都主持過貢舉。㉒姚、楊雖為兵部首長，但都是文人出身，不能說是武人管科舉。當時的武人，對科舉不感興趣，他們關心的是兵、糧和地盤。

後唐號稱恢復唐朝制度，貢舉方面，三京（洛陽、東京魏州和西京雍州）、諸道「可依常年例取解」，送往洛陽應試；其諸色舉人，應由諸道觀察使指派通曉詞藝、經典的官員進行考試，「及格者即與給解」，還要將舉人考試的詩賦、帖經成績一一申報尚書省，不及格者，不得徇私發解，也不能隨便在京兆府寄解，防止各州送來的舉人偽濫過甚。

後唐舉、選並重。上面講的是對舉人鄉試（州試）的要求，至於省試（尚書省考試，禮部主持）及第的進士，還必須通過吏部銓注方能任官。這和唐朝制度相同。後唐制定《長定格》《循資格》《十道圖》等格式，用以審核銓注的進士。鑑於進士接受銓曹檢勘時，往往有「互有援引」之弊，使當局對被銓注者的去留爭論不絕，制定上述格式，就是防止銓注時的流弊，要求選人「絕躁求之路」。選人在吏部銓注考試（本業詩賦判文）中才藝突出者，便可任命為官。雖然在實際的鄉試、省試和銓選中，不一定都按上項規定去辦，但可說明後唐對舉、選的規定比後梁具體，有助於科舉制度逐漸趨向完備。[23]

後晉亦曾以兵部侍郎知貢舉，並曾停罷明經、童子、宏詞、拔萃、明算、道舉、百篇諸科考選。後晉省試還有作弊情況，舉人竟敢「懷藏書冊」應試。

後漢科舉之濫，比前代更為嚴重。乾祐二年（九四九），刑部侍郎邊歸讜上言：「臣竊見每年貢舉人數甚眾，動引五舉、六舉，多至二千、三千，既事業不精，即人文何取。」[24]科舉雖存，但不能正確發揮作用。

後周對科舉考試作過改革。廣順三年（九五三），郭威准趙上交之奏，進士科省試不用帖經、對義，改試雜文與策，這是符合郭威務實的政治方針的，因為雜文與策文較能反映舉人的政治判斷能力，有助於確定應試舉人的實際水平。但不久又恢復帖經。柴榮也重視科舉。顯德二年（九五五）三月，禮部貢院奏進新及第進士李覃等十六人的考試卷子（詩賦、文論、策文等），柴榮閱後下詔說：「國家設貢舉之司，求英俊之士，務詢文行，方中科名。比聞近年以來，多有濫進，或以年勞而得第，或因媒勢以出身。今歲所放舉人，試令看驗，果見紕繆，須至去留。」李覃等四人准予及第，嚴說等十二人「藝學未精，並宜勾落，且令苦學，以俟再來」。㉕還譴責了主持考試的劉溫叟。

吳、南唐、吳越、閩、楚、南漢、前後蜀及契丹，都曾開科取士，選拔了一些有政治才能的人。

五代十國有一些科舉出身的官僚，在政治上、文學上或其他方面有所貢獻，如後梁乾化時的進士王易簡，貞明時的進士張鑄、和凝；後唐同光時的進士竇貞固，天成時的進士李濤、劉濤，長興時的進士李谷、劉熙古、范質、楊昭儉，清泰時的進士劉載；後晉天福時的進士高頔、竇儀、邊珝、程羽，開運時的進士張澹；後漢乾祐時的進士王溥、王樸、李昉、王著、高錫、許仲宣；後周廣順時的進士梁周翰，顯德時的進士石熙載、李穆、盧多遜、李度、韓溥；契丹進士宋琪；南唐進士張洎、張觀；後蜀進士卞震、句中正等皆是。

五代十國時期，政治環境極其複雜，地主階級內部矛盾十分尖銳，統治者為了適應形勢，奪取和鞏固政權，需要延攬謀士為之效勞，這些人在政治上能起很大作用。下面介紹幾個這類人物。

後梁朱溫的謀臣敬翔，同州馮翊人，乾符時考進士不第，依附他的同鄉、汴州觀察支使王發，替人作些箋、刺，[26]得幾個錢過活，頗為潦倒。朱溫鎮汴時，有機會看到他寫的通俗易懂的箋、刺，喜歡得很，延之幕府。朱溫「比不知書」，看不懂深奧的公文，討厭賣弄辭章的士人，倒喜歡敬翔這類土俗一點的知識分子。敬翔接近朱溫後，逐漸在政治上起作用，日益得到信任，「扈從征伐，出入帷幄，庶務叢委，恆達旦不寢，唯在馬上稍得晏息」。[27]崇政院建立後，朱溫不願由宦官專政，就命敬翔任院使，協助自己處理政務。敬翔也以「朱氏老奴」自詡，忠心耿耿，至死不變心。

後唐的郭崇韜，代州雁門人，作過李克脩的帳下親信、李克用的典謁和教練使，李存勖用為中門副使，參與機要，旋升中門使，「專典機務，艱難戰伐，靡所不從」。對於後唐王朝的建立，謀劃頗多。同光初，拜侍中兼樞密使，又兼領鎮、冀兩州節度使，「位極人臣，權傾內外」。[28]他敢於犯顏直諫，宦官、伶人恨之入骨，在伐蜀時遭誣陷被殺。

後晉的桑維翰，同光進士，任石敬瑭的掌書記，是石敬瑭投降契丹、稱帝立國的主要策劃者，是一個民族敗類，官至樞密使。他幫助石敬瑭搞民族投降，又設法鞏固後晉王朝統治。「維翰勸帝（石敬瑭）推誠棄怨以撫藩鎮，卑辭厚禮以奉契丹，訓卒繕兵以修武備，務農桑以實倉廩，通商賈以豐貨財。數年之間，中國稍安。」[29]桑維翰權勢既盛，四方賂遺，歲積巨萬。契丹滅後晉，降將張彥澤縊殺桑維翰，掠奪了他的財產。

後周的王樸，東平人，乾祐進士。後周初，做柴榮的記室，以後一直在柴榮左右。因獻著名的《平邊策》，大得柴榮賞識。他「性剛決有斷，凡所謀劃，動愜世宗之意」[30]，官至樞密使。柴榮征淮南，他受命留守京師。歐陽修對他的評價很高，說：「王樸之材，誠可謂能矣。」[31]

十國中，此類謀士，為數亦不少。如：吳嚴可求、駱知祥、陳彥謙、宋齊丘，楚高郁，荊南梁震，前蜀馮涓等。嚴可求善於策劃，楊行密殺悍將朱延壽，徐溫殺左衙指揮使張顥，都出於嚴可求之謀，他是徐溫得以上台執政的重要謀士。駱知祥善於理財，吳賦稅的徵收，軍餉和國用的供應，都靠他經辦。當時人將他和嚴可求並稱。陳彥謙也是一個能幹之士。金陵城的大規模擴建工程，就是他一手經辦的。由於嚴可求一直留在揚州，陳彥謙是徐溫在金陵期間的得力助手。

徐知誥周圍有不少謀士，如宋齊丘、王令謀、王翃（hóng）、馬仁裕、周宗、曹悰（zōng）等皆是。宋齊丘一直為徐知誥策劃排除楊氏、徐溫勢力，深受知誥賞識，兩人常常躲在水榭裡「畫灰為字」，進行謀劃。宋齊丘有強烈的嫉妒心，在徐知誥密謀篡吳，派周宗徵求他意見時，他認為周宗搶了擁戴之功，一反常態，向徐知誥「手書切諫」，認為天時人事都不可立即代吳。徐知誥很不高興，把他調回金陵。南唐建立後，宋齊丘在政治舞台上仍很活躍，成為李璟時「五鬼」之黨的首領。他一生充滿着多謀狡詐幕客的奇聞佚事。

楚馬殷重用的高郁，治國的能力很強。他主持的經濟改革，導致了湖南的富庶，胡三省說：「高郁佐馬殷治湖南，巧於使民而民勸趨於利，蓋學管子之術者也。」㉜對他評價甚高。他洞察鄰國形勢，認為吳是楚的宿敵，楚要打起「尊王仗順」旗號，才能穩定在湖南的統治。馬殷一貫遵循此策，奉中原王朝正朔，從政治上爭取主動，創造了「退兵修農」，增強國力，稱霸湖南的條件。馬殷至死感激高郁。

梁震是唐末進士，開平初赴蜀，經過荊南，被留下來。他不肯做官，以「白衣」身份在高季興府中參與政事，頗多建樹。

前蜀馮涓，唐宏辭科及第，任王建的判官。他有戰略眼光，當諸將勸王建伐岐（李茂貞）時，他獨表示反對。他說，用兵殘民耗財，而且李茂貞據鳳翔，正好擋住強盛的朱溫；若滅掉李茂貞，就等於去掉蜀的屏障，萬一粱、晉合而舉兵向蜀，即使諸葛亮復生，也不能抵禦，不如存鳳翔為屏藩，務農練兵，保固疆土。馮涓的思想在於保境安民。王建接受了這個建議，使前蜀有可能換來一個相對安定環境。他還能直諫。王建做生日，他獻頌述生民受重徵之苦，諷諫王建應減輕賦稅。王建聽了頗有所悟。

五代十國統治者中，有的還獎用循吏，使地方政治有所改善，在一定程度上緩和了社會階級矛盾。但是，從整個五代十國來說，用人不當的情況是非常嚴重的。

五代以軍將、軍校為地方長官的情形很普遍，導致地方吏治的混亂和腐敗。早在朱溫出任四鎮節度使時，「關東藩守，皆其將吏，方面補授，由其保薦，四方輿金輦璧，駿奔結轍，納賂於其庭。如是者十餘年，寖成風俗」，牧守群吏，「罕有廉白者」。[33]這種情況一直影響後梁王朝的地方吏治。到開平四年（九一〇），關內鎮將還位在縣令之上，「捕盜」鎮將控制「父母官」，魏博州務「並委督郵」，「州牧同於閒冗」。[34]任用武人主持地方政事的惡習，後梁及沙陀族三王朝愈演愈烈。這些武人，或橫加干涉地方政務，使「令宰不能專縣事」[35]；或直接任州縣長官，「率恣意用法」[36]；或以「部曲主場院」[37]，貪污偷盜，刮盡百姓之膏脂。這樣，五代地方吏治終難根本好轉，科舉改革之作用甚微。

吳到南唐昇元年間，仍然「尚以武人用事」[38]，李昪選用深通經義法律的儒士，南唐地方吏治有所改善。但其他各小國的情況不皆如此，武人治事仍很普遍。

五代十國用人千奇百怪。北漢用五台山和尚繼顒為鴻臚卿，靠他講《華嚴經》，收取供施以佐國用。此外，還有小國以道士、宮女主政的。

四　兵制的紊亂與整頓

五代政權都是節度使建立的，他們屬於馬上得天下的統治者，極其重視軍隊。

軍權集中於皇帝。後梁時，朱溫常親自統帥軍隊征戰，有時也設立諸軍都指揮、某某面招討使，指揮閱兵或戰事，這些軍事首長稟承皇帝命令行動。後唐長興四年（九三三）以秦王李從榮為天下兵馬大元帥，總握王朝兵權。中原王朝有時封南方小國的統治者為天下兵馬大元帥、副兵馬大元帥等職，以示籠絡。各小國也有自設兵馬元帥、判內外諸軍事等職，總握本國兵權。

禁軍是五代十國各政權的重要軍事力量。朱全忠始置侍衛馬步軍，這是他的命根子。後梁六軍的軍號，幾經更改，最後定為天武、天威、英武、神武、龍虎、羽林，每軍分左右。後唐有左右羽林四十指揮，每十指揮立為一軍。為了加強禁軍力量，李從珂曾「詔諸道選驍果以實禁衛」。[39]後晉有護聖左右軍。後周改稱侍衛馬軍為龍捷左右軍、侍衛步軍為虎捷左右軍。十國中，吳有左右衙都指揮使，前、後蜀有判六軍，閩有拱宸都指揮使，這些都是禁軍將領。

節度使掌握地方兵權。五代也有親王遙領節度使制度，但軍權實際由副大使掌管，稱知節度事。節度使掌握的軍隊，名義上必須服從中央調動。王朝有警，皇帝下詔徵諸軍節度使領兵赴戰。

牙兵制度是節度使專兵的產物。五代節度使牙兵勢力強大，驕橫難制，為害地方甚烈。河北諸鎮的牙兵，歷史最久。魏博從田承嗣以來，一百五十餘年，牙兵跋扈，主帥、長吏皆不能禁。至唐末，羅紹威為節度使，率奴客數百與朱溫的軍隊千人，裡應外合，將魏州城內的牙兵七千餘人（一說八千家）盡行殺戮[40]。但到後梁末年，楊師厚鎮魏州，「置銀槍效節軍凡數千人，皆選摘驍銳，縱恣豢養，復故時牙軍之態」。[41]又開平年間許州匡國軍節度使馮行襲有牙兵二千人，皆蔡州人。貞明年間天平軍節度副大使王檀有帳下爪牙（即牙兵）。後唐時安義軍兵馬留後李繼韜有牙兵數千，這些牙兵原為其父李嗣昭所豢養。宣武軍節度使李存審有牙兵八千七百人，同光二年（九二四）存審將這些牙兵進獻給莊宗。天成元年（九二六）滑州義成軍「左右崇牙及長劍等軍士數百人」作亂被誅，這些人也是牙兵。

牙兵也存在於十國，如吳楊行密的親軍「黑雲都」、楊渥的親軍「東院馬軍」，都是牙兵。張顥、徐溫就是率領牙兵的。因為楊氏已割據自立，其牙兵就成為禁軍性質的軍隊，張、徐也可以說是禁軍將領了。大體上十國的禁軍都是原來牙兵改編的。

五代十國的軍法極其嚴酷。後梁時有「跋隊斬」和文面。《五代史補》說：「太祖（朱溫）之用兵也，法令嚴峻，每戰，逐隊主帥或有沒而不反者，其餘皆斬之，謂之『跋隊斬』。自是戰無不勝。然健兒且多竄匿州郡，疲於追捕，因下令文面，健兒文面自此始也。」㊷「跋隊斬」就是打仗時損失主帥者，將士皆斬首，這是非常殘酷的手段。文面或叫黥面，就是在士兵的臉上刻字或記號，防止他們逃跑。文面辦法在當時的軍閥中相當普遍。幽州劉仁恭把境內士民（除小孩、婦女外），全都文面，男子（壯丁）在臉上刻「定霸都」三個字，士人在腕上或臂上刻「一心事主」四個字。後晉山南東道節度使安從進，把過往商旅捉來「黥以充軍」。[43]南唐也黥面，張齊賢說：「江南義軍，例皆良民，橫遭黥配，無所逃避。」[44]

由於戰爭的殘酷和軍法的苛嚴，農民普遍不肯當兵。為了逃避兵役，甚至自殘肌膚。最普遍的形式是軍士逃亡。統治者經常用抽丁的辦法，補充逃亡，維持軍隊的數量。甚至強徵民間丁壯入伍。如：開平二年（九〇八），李存勖將「其境內丁壯，悉驅南征決戰，以救上黨之急」。[45]貞明末，京師騎兵「皆新捉募之兵」。[46]天福六年（九四一）冬，後晉成德軍節度使安重榮，驅迫境內數萬飢民為兵，進行叛亂。這種大規模驅捉丁壯為兵的辦法，固然可以一時解決兵源不足問題，但後果是十分嚴重的。大批丁壯被捉為兵，使農村嚴重缺乏勞動力，破壞了農業生產。被捉的丁壯無戰鬥力，往往一接仗即潰散。

鄉兵又是五代十國時兵制的一個特點。統治者為了維持地方治安和應付戰爭時兵力不足的困難，就組織鄉兵。張全義在洛陽地區恢復生產後，把丁夫組織起來，「教以弓矢槍劍」，用他們「擒捕」「賊盜」。這是鄉兵的一種。後晉開運元年（九四四），詔諸州籍民為鄉兵，號武定軍，得七萬人。「時兵荒之餘，復有此擾，民不聊生。」㊼這些鄉兵的抽點，按七戶抽一丁原則進行，凡不出丁的戶，要出兵械給出征的鄉兵。南方小國鄉兵抽點的情況，以南唐為例：昇元初，按兩稅額點兵，凡交兩稅錢兩緡以上的民戶，出一丁為兵，號為義師；戶有別籍分居者，又出一丁，號新擬生軍；民戶新置物產，亦出一丁，號新擬軍；客戶戶內，三丁抽一丁，號為團軍，後改為拔山軍。保大中，龍舟舵手編為凌波軍；民間傭奴、贅婿編為義勇軍；無賴亡命編為自在軍；平民百姓編為排門軍。㊽

五代十國的兵制，可以概括地說：（一）各王朝都擁有一支強大的禁軍，用以鎮壓人民起義和平定方鎮叛亂。（二）從中央到地方，將驕兵惰，軍法敗壞，造成社會秩序混亂。（三）兵役苛重，導致了生產的破壞。

後周建立，針對將驕兵惰之弊，進行整頓。整軍的具體起因則是高平之戰。柴榮剛繼位，北漢劉崇就勾結契丹，大舉進攻，想趁機推翻後周王朝。這支隊伍共四萬餘人，其中北漢軍三萬人，契丹騎兵萬餘。北漢軍在太平驛（在上黨西北八十里）擊敗後周昭義軍節度使李筠部將穆令均，進迫上黨（今山西長治市）。

當時柴榮三十四歲，銳氣正盛，決定給劉崇以出其不意的一擊。根據他的部署，東路軍由天雄軍節度使符彥卿、鎮寧軍節度使郭崇（即郭崇威）率領，自磁州（今河北磁縣）北，從背後出擊劉崇軍；西路軍由河中節度使王彥超、保義軍節度使韓通率領，由晉州（今山西臨汾）東北，出西側進擊劉崇軍；南路軍由馬軍都指揮使樊愛能、步軍都指揮使何徽、義成軍節度使白重贊等率領，從澤州（今山西晉城縣）北上迎擊劉崇軍。柴榮本人率一部從開封經懷州（今山西沁陽縣）、澤州（今山西晉城縣）北上。

劉崇不知柴榮傾國應戰，連潞州城（今山西長治市）也不攻，繞城南下高平（今山西高平）。於是兩軍在高平接戰。劉崇以張元徽部為左翼，契丹楊袞部騎兵為右翼，自己將中軍駐巴公原，擺開一副決戰架勢。柴榮則以李重進、白重贊部為左翼，樊愛能、何徽部為右翼，向訓、史彥超將精銳騎兵居中央，自己臨陣督戰。由於後周河陽節度使劉詞率領的後軍尚未到達，後周兵力少於北漢，劉崇自以為在兵力上處於優勢，竟忘乎所以，叫楊袞不必出戰，想一戰而克後周軍，讓契丹看看自己的厲害。戰鬥開始後，天空正颳着強勁的東北風，這時劉崇頗有乘風必勝，不可一世之感。可是，不一會兒，風向逆轉，颳起了南風，吹得北漢將士眼迷頭昏，陣腳紊亂。劉崇不聽勸告，堅持出擊，令左軍張元徽的騎兵猛擊後周右翼樊愛能、何徽，樊、何部從指揮官到士兵多是驕將惰卒，在北漢軍驟然進攻的面前，竟倒戈潰逃，步兵千餘人解甲投降張元徽，騎兵邊逃邊搶，還一路大叫大嚷：「契丹大軍來了，官軍打敗了，殘餘士兵都投降了！」隨軍夫役也跟着狂奔。柴榮在首戰即潰的緊急關頭，親自督戰，「赫然躍馬入陣，引五十人直衝（劉）崇之牙帳」，身先士卒，力挽危局。當時趙匡胤是柴榮宿衛將領，十分勇敢。他對禁軍張永德說：「你部下有許多左手射箭能手，你從左翼攻；我從右翼攻，國家安危，在此一舉！」於是二人各將二千士卒從左右兩翼殺入敵陣，其他將領也躍馬引弓，吼叫着衝上去，終於制止了敵方的攻勢。

由於柴榮左、中兩軍完整無損，加上劉詞的後軍也於當晚趕到，後周一方實力依然存在。柴榮的主要將領未受右軍挫折影響，整個隊伍的士氣保持高昂。相反，劉崇雖初戰得勝，但緊接着失去攻勢，左軍指揮張元徽又在攻擊中因馬倒而亡，一時士氣驟然低落。當時南風緊颮，後周軍呼聲震天動地。劉崇反勝為敗，柴榮反敗為勝。

此役使柴榮深感必須懲辦驕將惰卒，「以肅軍政」，但他為個人安危計，又有些猶豫。他的女婿禁軍將領張永德勸他下決心，說：「愛能等素無大功，忝（tiǎn）冒節鉞（yuè，節鉞指節度使），望敵先逃，死未塞責。且陛下方欲削平四海，茍軍法不立，雖有熊羆（pí，熊的一種，叫馬熊）之士，百萬之眾，安得而用之！」這番話提醒了柴榮。為了後周王朝的鞏固、為了統一北方大業，柴榮把樊愛能、何徽兩員驕將以及他們所屬軍使以上人員七十人斬首，一糾過去對驕將惰卒的姑息之風。

顯德元年（九五四）十月，柴榮下令整軍。他說：這次我在高平和劉崇、契丹軍相遇，軍隊中就有臨敵不前的，如果不是我親至前線，幾至喪師。他接着說，一百戶農民還不能養一個兵，兵在精不在眾，應該進行點選。柴榮分命諸將，將中央的騎兵和步兵，一一加以選點，把「武藝超絕」的士兵選編為「殿前諸班」（即禁軍），老弱怯懦的裁汰。同時在全國招募壯士，招募對象不以「草澤」為阻，只要武藝好就行。武藝特別好，身體特別強壯的，也可以作為「殿前諸班」。

柴榮整軍是五代以來最重要的兵制改革，解決了將驕兵惰、軍隊龐雜問題，加強了中央集權，減輕了兵役。但節度使和禁軍將領專兵問題沒有根本解決，因而後周政權還是不能長久。直到北宋建立，才解決節度使專兵等問題。

五　頻繁的內訌

五代十國各政權的內訌極其頻繁，父子相殺、兄弟互戮事件層出不窮。這種內訌揭開了蒙在封建統治者臉上的「禮義廉恥」的面紗，暴露出他們內部殘酷的權力之爭，使人怵目驚心！

依靠暴力和陰謀建立起來的後梁王朝，是從內訌開始削弱的。朱溫有八子，長子友裕，死於天祐元年（九〇四）；次子友文；三子友珪；四子（一說三子）友貞；五子友璋；六子友雍；七子友徽；八子友孜，因謀作亂，被朱溫親手殺死。

朱溫最愛的是養子友文。友文歷掌徵賦，後梁建國後任建昌宮使，為朱溫的左右手。朱溫晚年，有意傳位於友文。朱溫從張皇后死後，「無繼室，諸子在鎮，皆邀其婦入侍」。㊾友文妻王氏貌美得寵。乾化二年（九一二）六月三日，朱溫病危，囑王氏叫友文來，要囑付後事。友珪妻張氏當時也在旁，聽到這個消息後，立即密告友珪說：「大家（指朱溫）要把國寶交給王氏送到東都（開封）去，我等死在眼前了！」友珪聽後，就去求見禁軍將領韓勍。他們半夜闖入朱溫寢殿。朱溫驚起，問道：「誰造反了？」友珪說：「不是別人！」朱溫說：「我早懷疑你這個賊子，恨不早殺了你。」「你悖逆如此，天地能容你麼！」友珪罵道：「你這個老賊，該砍作萬段！」朱溫被友珪的僕夫馮廷諤刃死。友珪又矯詔殺了友文，奪取了政權。當時任東京留守的朱友貞聯絡楊師厚、袁象先、趙岩等軍政重臣，發動政變，殺了朱友珪。這一幕殘酷內訌，使後梁王朝一蹶不振，當李存勖發動滅梁總攻時，朱友貞已無還手之力了。

後唐莊宗李存勖是一個叱咤風雲人物，但他還是逃不出其義兄[50]李嗣源的算計。當李嗣源起兵魏州，擁兵入開封之時，李存勖被亂兵所殺。李嗣源晚年，不欲立長子秦王李從榮為太子。從榮身為尚書令加天下兵馬大元帥，自以為必繼位，當他發現老父垂危而未傳位於己，就迫不及待地發動兵變，失敗被殺。李嗣源聞從榮死，「悲咽幾墮於榻，絕而蘇者再」，對馮道說：「吾家事若此，慚見群臣！」[51]李嗣源死後，三子李從厚繼位，不久再次發生內訌，皇位被李嗣源的養子潞王李從珂所奪。清泰二年（九三五），李嗣源的女婿石敬瑭勾結契丹，推翻了後唐王朝。後唐王朝以內訌而告終。

南方的閩、楚、南漢，是王室內訌激烈的三個小國。

閩王審知死於同光三年（九二五）底，長子王延翰繼位。他繼位才月餘，就把弟弟王延鈞出為泉州刺史。因為王延鈞多次上書諫阻他採選民女。王審知養子王延稟是建州刺史，也拒絕為王延翰採選美女。王延翰稱大閩國王後，王延稟和王延鈞一齊出兵攻打福州，演出了一幕王氏骨肉相殘的醜劇。

王延稟的部隊沿閩江而下，攻入福州，把王延翰和崔氏斬首。王延鈞率兵趕到後，王延稟推延鈞繼任威武軍留後。延鈞更名鏻。王延稟之所以推王鏻為留後，因為他是王審知的養子，不孚眾望；但他不是心甘情願的。他在離開福州回建州時，對王鏻說：「善守先人基業，勿煩老兄再下！」話中有話，王鏻聞之色變。

後唐長興二年（九三一），王延稟聽到王鏻得病的消息，即以次子王繼升留守建州，親自帥師攻福州。王鏻派樓船指揮使王仁達率水軍迎敵，王仁達以偽降計伏擊了王延稟的長子、建州刺史繼雄部隊，並殺了他，把他的頭掛在西門。王延稟軍看見繼雄的頭顱後陣腳大亂，被王仁達擊潰。衛兵用量穀子的斛抬着王延稟奔跑，延稟才狼狽逃脫。第二天，王延稟被俘，王鏻見到他時，挖苦說：「果煩老兄再下！」隨即殺了他。建州的王繼升聽到父親兵敗被殺消息後，與弟王繼倫投奔吳越。王鏻以弟王延政為建州節度使。

王鏻在皇城使李倣發動的兵變中被殺。其子王昶（繼鵬）即位前，李倣大殺王鏻后黨，連王昶的胞弟王繼韜也一起殺了。後來，王昶被禁軍將領連重遇所殺。連重遇立王鏻弟王曦（原名延曦）。王曦又和建州王延政自相殘殺。

閩在王氏子孫的內訌中，小人得勢，禁軍專橫，政治腐敗，終於滅亡。

楚馬氏諸子的內訌也相當激烈。馬殷死後，子馬希聲、希範、希廣相繼立，馬希萼不服，從朗州發兵，下岳州，入長沙，殺希廣，自立為楚王。馬希萼把軍政大事交給馬希崇掌管。希崇利用職權，勾結宿將徐威等人發動兵變。徐威等縛希萼，擁立希崇為楚王。而另一位宿將彭師曇在奉命囚禁馬希萼時，也於衡山奉希萼為衡山王，向南唐李璟稱臣。馬希崇害怕李璟干涉，也請命於南唐。李璟趁這個機會，派邊鎬率兵入楚，遷馬氏家族於金陵，楚滅。

馬氏兄弟內訌，使百姓受苦，不僅剝削加重，而且人無寧日，家家戶戶都織草鞋，準備逃難時穿着。有一首童謠說：「湖南城郭好長街，竟栽柳樹不栽槐，百姓奔竄無一事，只是槌芒織草鞋。」馬氏內亂失人心如此。

南漢內訌之酷，更是駭人聽聞。劉龑有十九個兒子，長耀樞、次龜圖皆早死，三子玢（原名弘度）繼立。劉玢知道諸弟共謀圖己，「敕宦官守宮門，入者皆露索」，嚴加防範。但森嚴的禁衛無法阻擋諸弟的奪位活動。劉弘熙先用歌妓引誘劉玢荒淫，繼與劉弘杲、弘昌陰養勇士，學習角觝戲，把這些勇士獻給劉玢作樂。一天，劉玢開宴長春宮，閱勇士角觝，勇士劉思潮和禁軍將領劉道庠等乘機把劉玢殺了。劉弘熙當了皇帝，改名晟。

劉晟「既殺兄，立不順，懼眾不伏，乃益峻刑法以威眾」。他深夜召見其弟兵馬副元帥劉弘杲，弘杲自知不免於死，行前祈禱說：「弘杲誤念，來生王宮，今見殺矣！後世當生民家，以免屠害。」[52]與家人涕泣訣別，至則被殺。劉晟又殺其弟弘昌、弘澤、弘雅、弘弼、弘道、弘益、弘濟、弘簡、弘建、弘暐、弘昭、弘邈、弘政。這些血淋淋的事實，告訴人們：所謂「禮義廉恥」，對於統治者來說，不過是一塊遮羞布而已！

六　方鎮勢力由盛轉衰

五代十國是唐方鎮割據局面的繼續。朱溫、王建、李存勖、李嗣源、石敬瑭、劉知遠、孟知祥、劉崇都是由節度使而帝；錢鏐、楊行密、王審知、劉隱、馬殷、高季興都是由節度使而王（或國王）。在這些人為帝為王之後，他們的統治區內，是否就平安無事了呢？否。由於唐以來形成方鎮割據的政治、軍事和經濟的條件，沒有多大改變，方鎮勢力如野草荊棘，還會在這塊土壤上重新生長起來。

五代各王朝在形勢有利時，也曾採取過移易鎮帥，分割方鎮地盤，把某些方鎮降為防禦州、刺史州「直屬京」等措施，也曾頒佈過毀城隍、拆防城之具等命令，以限制、削弱方鎮勢力，但由於王朝更迭頻繁，政局多變，這些措施所收的效果是有限的。

五代各王朝沿襲唐制，數州（或一州）設一軍，軍設節度使，兼任駐在州的刺史。節度使掌握軍權、政權、財權，往往專橫不法。所屬州、縣官雖多文人，因鎮使跋扈，形同虛設。五代各王朝對方鎮舉薦州、縣官的人數和奏辟幕僚的權力，曾作過限制，以防節度使結黨營私；又曾採取措施提高州、縣官的地位，以減弱方鎮勢力。由於五代各王朝年促祚短，這些措施得不到貫徹。宋初人說，「五代以來，諸侯強橫，令宰不能專縣事」[53]，確是事實。

從下面幾個事件，可以看出五代時期方鎮勢力的危害性。

後梁開平時，商州牙校李玫擅知州事。乾化時，蔡州指揮使王存儼為部將擁立為主。最大一次方鎮叛亂是魏博（治所在魏州，即今河北大名縣東北）兵變。郢王朱友珪篡位後，以楊師厚為魏博節度使。楊師厚支持均王朱友貞殺朱友珪，功成之後，封為鄴王。楊師厚在魏州「矜功恃眾，驟萌不軌之意，於是專割財賦，置銀槍效節軍凡數千人」。如不是他死去，必將為患。他死後，朱友貞把魏博鎮分為天雄軍（治所仍在魏州）和昭德軍（治所在相州，今河南安陽市）兩鎮，調平盧軍節度使賀德倫為天雄軍節度使，宣徽使張筠為昭德軍節度使，又將魏博將士府庫一分為二，半屬昭德軍，半屬天雄軍，以削弱父子相聚、族姻磐結的魏博牙兵勢力，引起了兵變。亂兵攻入賀德倫的衙門，殺了他的衛士，導致了賀德倫降晉（河東李氏）。

在後唐李嗣源統治期間，多次鎮壓軍閥、軍校的叛亂。如：天成元年（九二六），登州刺史王公儼在魏州兵亂後，殺了青州監軍楊希望，與州將李謹等「謀據州城，以邀符節」。李嗣源任命王公儼為登州刺史，他不赴任。李嗣源便派霍彥威為新任青州節度使，斬了王公儼、李謹等八人。天成二年（九二七），李嗣源又親自鎮壓了宣武軍節度使朱守殷的叛亂，殺了朱守殷。

李嗣源時最大的一次方鎮叛亂是劍南東川節度使董璋和劍南西川節度使孟知祥的火併。董璋曾為朱溫養子，在後梁滅亡後，投靠後唐，參與伐蜀戰爭，蜀平，為劍南東川節度副大使、知節度事。孟知祥是後唐平蜀後派往成都任劍南西川節度使的。

樞密使安重誨對孟知祥不放心，派李嚴回成都，意在監督孟知祥，而孟知祥利用蜀人對李嚴的仇恨（他曾策劃滅蜀），殺死李嚴。安重誨又利用董璋鉗制孟知祥。誰知董璋也是個野心勃勃的軍閥。自唐以來，四川開鑿的鹽井甚多，董璋為了獲取鹽利，誘商人把東川鹽販往西川去賣。孟知祥為了對付東川鹽的入口，在漢州（州治在今四川德陽）設置三個榷場，向東川來的鹽商徵稅，每年獲利七萬緡。由於稅重，使商人不願來回東西川販鹽。孟知祥和董璋因爭利而演變為兼併。

後唐天成四年（九二九），李嗣源向孟知祥徵助禮錢一百萬緡（相當於漢州鹽榷十四年的收入），孟知祥給了五十萬緡。李嗣源又派夏魯奇等人擔任遂、閬、綿州刺史，準備武力解決孟知祥。董璋以為後唐朝廷也在圖謀自己，先行叛亂。孟知祥跟着舉兵反。後唐討伐失敗。後來，孟知祥打敗董璋，兼併了東川。東西兩川為孟知祥所有，為他稱帝準備了條件。

後晉成德軍節度使安重榮，是一個野心畢露的軍閥。他本是行伍出身，當了節度使，可算是「暴獲富貴」。他看到幾朝皇帝都是由節度使升上來的，悟出一個道理，對人說：「天子，兵強馬壯者當為之，寧有種耶！」當他為權臣所扼時，心裡憤憤不平，便畜聚亡命之徒，收市戰馬，「有飛揚跋扈之志」。[54]終於在天福六年（九四一）起兵叛亂。失敗後被杜重威所殺。

後漢方鎮叛亂以河中節度使李守貞為禍首。他和杜重威都是後唐武將。兩人一同投降過契丹。契丹北撤，他們又歸附劉知遠，但賊心不死。劉知遠臨終時，對大臣們說：「要好好提防杜重威！」劉知遠死後，朝廷就誅殺杜重威及其子弘璋、弘璨、弘璲等。李守貞聞訊，感到不安，他估計劉承祐初立，將相不和，沒有多大力量，於是舉兵叛亂。這時永興有牙將趙思綰（wǎn）作亂，風翔王景崇響應。王景崇、趙思綰共推李守貞為秦王，並引後蜀兵為助，一時關西震動。王、趙、李聯合叛亂雖失敗，但使已經不穩定的後漢政局，更加搖搖欲墜。

後周實行了整軍，加強了中央武裝力量，節度使不敢貿然發動叛亂。從後周的皇位不是被節度使奪走這一點可以看出。

在南方，吳有田頵、安仁義之亂；閩有留從效的自立；楚有劉言、王進逵、周行逢的割據。凡此等等，都屬於方鎮跋扈行為。

五代時期方鎮勢力的猖獗，還導致地方政治的腐敗。他們擅徵租賦，厚斂於民。如：後唐莊宗時，義武軍所轄祁、易二州，「不進戶口，租賦自贍本軍」。[55]末帝時，房知溫鎮青州，「厚斂不已，積貨數百萬」。[56]他們委政於軍校親吏，使郡政糜爛，史書說：「五代以來，領節旄為郡守者，大抵武夫悍卒，皆不知書，必自署親吏代判，郡政一以委之，多擅權不法。」[57]此種情況，在各小國中也有。如：後蜀節度使多領禁兵，留在成都，其所鎮軍州，「委僚佐知留務，專事聚斂，政事不治，民無所訴」。[58]

可見，方鎮勢力的存在，必然敗壞中央和地方政治，使社會不安定，它是一種惡勢力。我們要看到唐末五代方鎮勢力的氣焰囂張，還要看到在唐末五代的長期混戰中，方鎮勢力開始走向反面，呈現了由盛轉衰的趨勢，而中央政權已逐步研究出一整套摧毀方鎮勢力的制度。例如：五代時由諸道選募驍勇以充實禁軍，是一時之舉，到宋代，發展成為「選練」制度。五代各王朝推行屯戍法以牽制方鎮勢力，到宋代，發展為「更戍」法，內外相維。五代時曾採取限制方鎮舉薦州、縣官人數等措施，到宋代，制定了支郡直屬京，由朝官知州、縣等制度，設立了轉運使、通判、監當官等職。北宋王朝完全剝奪了方鎮賴以生存的條件，摧毀了割據勢力。宋代的節度使，僅是虛銜了。

七　馮道式的做官術

《宋史》在講到五代官僚數易其主時說：「五季為國，不四、三傳輒易姓，其臣子視事君猶傭者焉，主易則他役，習以為常。」把這段話的中心意思，用現代語言來表達，就是：臣子看待皇帝，像雇工看待雇主一樣，雇主換了，他就去別處受雇，習以為常。

我們當然不能以封建倫理觀念去看待這種社會現象。凡是政治上比較有作為的，即使數易其主，我們也不會加以「不忠」的罪名而否定其歷史作用。但對那些專以官祿為目的，毫無氣節，朝秦暮楚的人，則應加以揭露和批判，用以教育後人。

馮道是五代「事君猶傭者」的典型。他是河北瀛州景城（今河北河間地區）人，唐末為幽州劉守光的幕僚。後轉河東，得到張承業賞識，做了掌書記，以文墨見重於李存勖。後唐建立，以尚書省郎官，充翰林學士。明宗時，拜端明殿學士，是第一個獲得這一頭銜的臣僚。以後做了宰相。

馮道在後唐事四帝，在後晉事二帝，在後漢、後周初亦備受重用。因反對柴榮親征劉崇，被罷中書令。不久死去，終年七十三歲。

馮道有一個自述，說他為人「孝於家，忠於國，為子、為弟、為人臣、為師長、為夫、為父，有子、有孫。時開一卷，時飲一杯，食味、別聲、被色，老安於當代，老而自樂，何樂如之」！[59]這個自述反映了馮道躊躇滿志的心情。說明他對自己朝秦暮楚、「久叨祿位」的一生，非常心安理得。他津津樂道於自己一生所得的勳階官爵，以「長樂老」自詡。

他做官有一套秘術，就是臨難不赴，遇事依違兩可，唯以圓滑應付為能事。契丹滅後晉，他不但沒有做俘虜，而且還做了太傅。這是甚麼原因呢？《新五代史．馮道傳》的記載，解開了其中秘密：

「契丹滅晉，道又事契丹，朝耶律德光於京師。德光責道事晉無狀。道不能對。又問曰：『何以來朝？』對曰：『無城無兵，安敢不來。』德光誚之曰：『爾是何等老子？』對曰：『無才無德癡頑老子。』德光喜，以道為太傅。」在民族鬥爭的生死關頭，馮道和有民族正義感的地主階級人士不同，他想到的不是如何為民族赴難，而是考慮自己「無城無兵」，只得主動朝拜新主子，並在新主子前低聲下氣，裝瘋賣傻，以求新主之歡。

還有一個故事說，馮道尚未成名時，曾賦詩抒發自己做人的訣竅：「莫為危時便愴神，前程往往有期因，終聞海嶽歸明主，未省乾坤陷吉人。道德幾時曾去世，舟車何處不通津，但教方寸無諸惡，狼虎叢中也立身。」他自信「吉人」自有天相，船到橋頭自然直。在王朝更迭中，他泰然自處，好官我自為之。這種不急國家民族之急的言論，正是他成為政治上「不倒翁」的秘訣。

馮道能克制小憤，因此博得寬厚長者的美名。他做宰相時，有一舉子李導求見。他對李導說：老夫名道，由來已久，又累任宰相，你這個秀才不可能不知道，但還取名道，合乎禮嗎？李導聽後不服，說：相公的「道」是無寸（心計）底的，小子的「導」是有寸底的，怎麼不可呢！馮道聽後說：老夫不惟名無寸，諸事亦無寸，「吾子可謂知人矣」。一笑了之。李導揭露馮道「無寸」，馮道承認自己「無寸」，「了無怒色」，還大言不慚。真是厚顏無恥到極頂了。

還有一個李昊，也屬於這一類型的官僚。前蜀後主時，他做彭州導江縣令，又任中書舍人、翰林學士等職。前蜀滅亡時，後主王衍的投降表，就是他執筆的。他到洛陽做檢校兵部郎中。後歸成都，孟知祥辟為觀察推官，歷任後蜀禮部侍郎、尚書左丞、門下侍郎兼戶部尚書、同中書門下平章事（即宰相）。後蜀滅亡時，又是他為後主孟昶起草投降表。蜀人十分厭惡李昊的所作所為，在他家門上題寫「世修降表李家」六個字，看見的人，無不譏笑他的無恥。

李昊位兼將相，「秉利權，資貨歲入無算，奢侈尤甚」。⑥⓪家畜妓妾數百人，個個穿着羅綺，花枝招展。他還好沽名釣譽。當時後蜀和南唐有往來，後蜀趙季札出使南唐，帶回唐武宗任命李紳為宰相的《制書》，送給李昊。李昊自言李紳是他的祖先，就利用這個機會，把李紳的《制書》放在一座特製的彩樓中，自己穿起朝服，恭迎《制書》歸私第，以此製造聲譽。為迎《制書》，宴飲之費不知花了多少，還送趙季札二千匹帛作為酬謝。但「世修降表李家」之稱卻使他遺臭萬年。

五代十國像馮道、李昊這種熱衷利祿，做官有術的人物，為數甚多，這正是地主階級腐朽性發展的結果。這樣，五代時期政治清明的日子就不可能很多了。

八　外戚、宦官、伶人干政

五代十國政治腐朽的又一個重要表現是外戚、宦官、伶人干政。

後梁朱溫在稱帝前，曾和宦官發生過尖銳衝突。唐昭宗時，宦官劉季述等害怕朱溫篡唐，損害自身的利益，曾發動政變，把太子抬出來繼位，幽禁了昭宗。朱溫正好利用這件事，於天復元年（九〇一），誅殺了劉季述等人，扶昭宗復位。天祐元年（九〇四），朱溫脅迫昭宗遷洛陽，又一次大殺宦官。歐陽修説：「昭宗之出也，梁王悉誅唐宦者第五可範等七百餘人，其在外者，悉詔天下捕殺之。」[61]因為有這一段歷史，後梁建立後，宦官勢力受到較為嚴格的控制，沒有形成政治上的惡勢力。

到了後唐，宦官勢力就死灰復燃了。加以莊宗李存勖寵用伶人，形成了宦官、伶人干政的混亂局面。

朱溫當年誅殺宦官時，宦官在外者紛紛逃匿，多數為節度使所庇護。後唐建立，「詔天下訪求故唐時宦者悉送京師，得數百人，宦者遂復用事，以至於亡」。[62]張承業是唐僖宗時宦官，以河東監軍留在太原，輔佐李克用、李存勖父子，是李氏忠誠的「老奴」。不過他在後唐建立前即死去。張居翰是天復元年朱溫殺宦官時的漏網者，當時他躲在幽州劉仁恭處，後又轉依李存勖。後唐建立，他與郭崇韜並為樞密使。宦官馬紹宏原為中門使，後任宣徽使，又兼內勾使。由於宦官勢力的增長，將相大臣沒有宦官的支持，很難倖免於誅殺。郭崇韜之死的原因之一就是得罪了宦官。在後唐伐蜀時，郭崇韜對魏王李繼岌說：「王有破蜀功，旋師必為太子，俟主上千秋萬歲後，當盡去宦官，至於騸馬亦不可騎。」騸馬，就是閹過了的馬。郭崇韜勸李繼岌做了皇帝以後，連騸馬也不能騎，可見他對宦官的深惡痛絕。所以他遭宦官誣陷而被殺。

伶人就是戲子。李存勖喜歡演戲，看戲，對伶人特別寵愛，伶人由此干政。

景進就是一個以進獻美女和告密為手段，博取李存勖歡心，從而竊取權力的伶人。他專以讒言殺人。他誣陷皇弟李存乂謀反（存乂是郭崇韜的女婿），促使李存勖殺弟。河中西平王朱友謙不願厚賂宦官、伶人，他誣衊朱友謙與郭崇韜有牽連，必定會謀反，挑唆李存勖殺朱友謙及其家族二百人，這一冤案震動了朝野。景進還慫恿李存勖殺前蜀皇帝王衍一行。王衍「白衣、銜璧、牽羊、草繩縈首」，向後唐軍投降，照歷來通例，不殺降者（尤其是皇帝）。當王衍等被押到關中時，景進等以王衍族黨不少，恐其叛變為藉口，唆使李存勖詔令宦官向延嗣趕赴長安，誅殺「王衍一行」。樞密使張居翰偷偷將詔書中「一行」的「行」字改成「家」字，才使隨王衍投降的屬官、僕役一行得免於難，而王衍一家終於被殺，從而使後唐王朝信譽掃地。

景進等人還專門搜集謠言，製造謠言，陷害別人。他們以誣陷換取高官厚祿。

伶人史彥瓊、郭門高也很壞。史彥瓊官至武德使，駐鄴都（即魏州，今河北大名東北。因李存勖在此稱帝，後唐建立後，改為鄴都，與東都洛陽、西都長安、北都太原並為四大都城），「魏博六州之政皆決彥瓊」，煊赫一時，自鄴都留守王正言以下，所有官吏皆仰其鼻息。郭門高，原名從謙，門高是藝名。他因演戲得寵，官至從馬直指揮使。史彥瓊、郭門高都有野心，唯恐天下不亂。史彥瓊一手促成魏博兵變；郭門高也煽動禁軍作亂。李存勖即死於兩亂。所以《新五代史．伶官傳》說李存勖好俳優，「伶人由此用事，遂至於亡」。

明宗李嗣源即位，「減罷宮人、伶官」，殺了罪大惡極的郭門高。伶人勢力從此衰落。但明宗晚年，淑妃、宦官漸漸插手政治，形成禍害。明宗病，淑妃王氏與宦官孟漢瓊，「出納左右，遂專用事」。他們和樞密使朱弘昭、馮贇（閹宦出身）勾結在一起，朝廷大事全被這四人把持。

王氏、孟漢瓊曾參與殺安重誨和秦王李從榮事件。後唐末帝李從珂的內弟劉延皓，清泰二年（九三五）任樞密使、天雄軍節度使。他以姐姐劉皇后為靠山，專橫「用事，受賕，掠人園宅，在鄴不下恤軍士，軍士皆怨。」[63]終釀成軍亂。

後晉也有皇后、外戚干政之弊。出帝石重貴的馮皇后，原是石重胤之妻[64]。石重貴居喪時納馮氏為后。馮氏之兄馮玉，即以外戚拜樞密使、中書侍郎、同中書門下平章事。後晉的「軍國大務，一決於玉」，「自刺史以上，宰相不敢除授，以俟玉決」。「四方賄，積貲巨萬。」[65]

在十國中，也有皇妃、外戚、宦官、宮婢干政的現象。皇妃干政，以前蜀最為嚴重。王建長子幼年殘廢，不堪繼位。次子王元膺，張貴妃所生，因發動兵變失敗為衛士所戮。在這種情況下，王建想立八子王宗傑為太子。徐賢妃密令宦官唐文扆（yǐ），以重金賄賂宰相張格，擁立其子王衍為太子，許多重臣心懷憂慮，稱疾告老。王衍為太子後，不以政治為意，整天和諸王鬥雞、擊球作樂。可見徐賢妃勾結宦官干政對前蜀後期政局所造成的惡果。王建在臨終時遺囑：如太子不勝大任，可另擇王氏子弟為帝；徐氏兄弟，「止優以俸祿，勿令掌兵，以速其禍」。說明王建對徐氏外戚干政之害是有警惕的。

王建尚未嚥氣，前蜀的內亂就爆發了。唐文扆指揮禁軍，守住宮門，準備除去反對他的大臣宿將。唐文扆的背後是徐賢妃、淑妃姐妹。王宗弼等大臣宿將衝入宮內，以王建的名義，把唐文扆流放到雅州，以庾凝績掌財政、宋光嗣掌京城警衛和軍事。徐賢妃和張格見大勢不好，就密令尚食（主管皇帝膳食機構）製作放了含毒藥的雞燒餅，把王建毒死。唐文扆被誅後，又有宦官宋光嗣和王廷紹等人專政，王廷紹等六人為軍將、軍使，「皆干預政事」，「大為蜀患」。

除了前蜀外，南漢也是宦官、伶人、宮婢為非作歹的小國。劉玢時，宦官、伶人充斥，朝政腐敗。劉晟繼位後，重用宦官林延遇和宮婢盧瓊仙，這兩人「內外專恣」，任情殺人，把廣州城變成一座活地獄。劉鋹更加荒唐。《南漢紀》說：「凡群臣有才能及進士狀頭或僧道可與談者，皆先下蠶室，然後得進。」為甚麼要把大臣、進士、僧道下蠶室（指閹割下身）呢？因為他認為大臣們都是有家室，顧子孫，不能盡忠，不閹了不能重用！劉鋹委政於宦官龔澄樞、陳延壽和宮婢盧瓊仙、巫師樊胡子。龔號內太師，盧稱女侍中。台省長官備位而已。宦官視朝官如仇敵。尚書右丞鍾允章議誅亂法者數人，以正紀綱，宦官們對他恨之入骨，誣衊他謀反。允章竟被斬首。

除了外戚、宦官、伶人干政以外，還有道士、和尚、巫師插手朝政，恃勢弄權的。如閩王鏻信任道士陳守元，建寶皇宮，命陳守元為宮主。陳守元和巫師徐彥樸、盛韜誆騙王鏻避位受道，王鏻果然受籙，道名元錫。

有的統治者能夠認識到外戚、宦官干政的禍害，並切實加以防止。南唐李昪就是其中的一個。李昪對宦官監督甚嚴。有一次，他派一個宦官去祭廬山，此人一路吃魚吃肉，不遵守齋戒的規定，回金陵後，李昪對他說：「你此行甚精潔。」他答道：「臣從奉詔後蔬食至今。」李昪怒其欺騙，聲色俱厲地說：「你在某處買魚吃，某日買肉吃，怎麼蔬食？」這個宦官不得不慚悔認錯。李昪妃种氏，想讓自己的兒子為繼承人，對李昪說，江王景逷（ti）（种氏生）才過齊王景通（即李璟，宋氏生）。李昪認為她非法預政，將她幽禁別室。又令她削髮為尼。宋代史學家司馬光給李昪很高評價，說：「（李昪）不以外戚輔政，宦者不得預事，皆（五代時）他國所不及也。」[66]

九　南方小國的保境安民

十國的統治者推行保境安民的政策，大體分為兩種類型。一種是：在五代之初，吳越、閩、楚、南漢、荊南五個割據政權，打着尊奉中原王朝的旗號，實行保境安民。

錢鏐的保境安民。《吳越備史》說：唐天祐以後，中原多事，西川王建稱蜀，淮南楊行密稱吳，南海劉氏稱漢，福州王審知稱閩，「皆竊大號，或通姻戚，或達聘好」。他們勸錢鏐稱帝自主，但錢鏐卻說：「此兒輩自坐爐炭之上，而又踞我於上耶！」意思是：你們叫我稱帝自主，這不是也叫我在炭爐上烤嗎？他的策略是：既割據東南，又不招致中原王朝的征伐。「與其閉門作天子，與九族百姓俱陷塗炭，不若開門作節度，使終身富貴無憂。」（《與董昌書》）所以後梁王朝建立後，他奉正朔，歲時進貢，盡藩臣之職。當時吳扼於北，錢鏐就派使節從睦州（州治在今浙江建德縣）、信州、虔州（州治在今江西贛縣），經楚、荊南到中原。後來吳吞併了江西全境，錢氏改由海道，自登、萊入貢。錢鏐被封為吳越國王，這是對中原王朝表示忠誠給他帶來的好處。

吳越的鄰國關係中，最大的敵國是吳。因為它和吳有着從江西、宣歙到太湖的漫長邊界。為了爭城奪地，雙方撕殺了一二十年之久。但是，隨着江西歸吳，蘇州歸吳越的大勢定下來以後，雙方意識到：對手有實力，不可能僥倖取勝。戰爭的損失過於慘重，對人民安居樂業不利，要危及政權的穩定。就在這種歷史條件下，吳越在無錫之戰（九一九年）後，響應徐溫休兵息民的建議，停止了對吳戰爭。吳越的繁榮，保境安民是一個重要因素。

馬殷的保境安民。楚和吳越一樣，從自身的安危出發，以奉中原王朝的正朔為策略，實行保境安民。《新五代史．楚世家》説，馬殷初王湖南，兵寡力薄，與楊行密、成汭、劉龑為敵，十分憂慮，問計於高郁，高郁答：「成汭地狹兵寡，不足為吾患，而劉龑志在五管而已。楊行密，孫儒之仇，雖以萬金交之，不能得其懽心。然尊王仗順，霸者之業也，今宜內奉朝廷以求封爵而外誇鄰敵，然後退修兵農，畜力而有待爾。」高郁正確分析了馬殷所面臨的實際情況：淮南和湖南有漫長邊界，淮南強大一定會窺伺湖南的領土。事實上，淮南和湖南在鄂州、岳州、吉州、虔州的摩擦、戰爭不斷。高郁從這樣的分析出發，要馬殷藉着「尊王」的旗號，保境自立。馬殷採納了高郁的建議，在複雜的方鎮割據鬥爭中求得生存和發展。

王審知的保境安民。在王審知割據福建之初，當時江西還未歸吳，錢鏐集中精力在太湖地區與吳爭奪，閩贛與閩浙的邊境可以説是安然無警。唯有閩粵邊境打過一仗。但是，如果王審知不奉後梁為正朔，則吳越、南漢可找到藉口伐閩。閩也是依仗「尊王」這面大旗，求得較長時期的安定。

劉隱、劉龑的保境安民。劉隱、劉龑受後梁封爵，用後梁年號。貞明三年（九一七），劉龑公開獨立，建國改元。在劉氏奉中原王朝為正朔的十年中，平定嶺南，擁有嶺南，贏得了安定的政治局面。

高季興、高從誨的保境安民。荊南地處四戰之隅，地狹力弱，如何維護自己的生存，是高氏父子最關緊要的大事。荊南不僅向中原王朝稱臣，還向吳稱臣。荊南這種所向稱臣的目的，一可以求得政治上的生存，二可以得到賞賜。但高氏父子並不安份，他們常陽奉陰違，利用矛盾，從中漁利。後梁末，高氏聲言助梁擊晉（河東李氏），侵入後梁的襄州地界，兵敗後，與後梁斷絕關係多年；後唐莊宗死，高氏乘機於峽口截擊後唐從成都運來的寶貨，並出兵夔、忠、萬三州；後晉時，高氏聲言助石敬瑭討伐吳和後蜀，得到甲馬百匹的賞賜，而安從進反於襄州，又陰與之通。總之，高氏無論在政治上、軍事上都權變多詐。所以高從誨有「高賴子」的稱號。而這一切，都是在所向「稱臣」的幌子下進行的。荊南的保境安民，有着自己的特點。

另一種是：和中原王朝處於對抗情況下的吳、南唐、前蜀、後蜀幾個割據政權，也曾執行過保境安民政策。其中以吳、南唐推行最力。

楊行密立足淮南之後，北與朱溫抗衡，南與錢鏐爭鬥，處境是相當險惡的。他「招合遺散，與民休息，政事寬簡」，同時「搜兵練將，以圖霸道」[67]，對付朱溫的軍事壓力。

徐溫執政以後，吳和四鄰關係的形勢發生了變化。江西的洪州已被吳攻佔，鄂州戰爭也告一段落，吳的西境拓土基本完成；楚國的統治已趨向穩定，吳、楚邊界大體上定下來了，從而在西部出現了睦鄰的條件。錢鏐已完成了對兩浙的控制，吳與吳越的邊界也基本上定下來了。北邊淮水邊界局勢進一步得到穩定。在這種歷史條件下，徐溫着手推行保境安民，注意睦鄰的政策。他結束了對吳越的戰爭，贏得了二十年的休養生息。他把保境安民的原則運用到處理複雜的鄰國關係中。後唐明宗討伐荊南，高季興害怕，表示要「舉鎮自附於吳」。按照五代時期軍閥之間趁火打劫的慣例，徐溫可以接受高季興的歸附，等待機會兼併荊南。但徐溫沒有這樣做，他說：「為國者當務實效而去虛名，高氏事（後）唐久矣，洛陽去江陵不遠，（後）唐人步騎襲之甚易，我以舟師泝（sù）流救之甚難。」要別人臣服自己，而不能救他，讓他危亡，「能無愧乎」！他接受了高季興的貢獻，而「辭其稱臣」，聽其仍舊附於後唐，自保其國。

李昪稱帝建國後，堅持保境安民政策。他生長在五代戰亂之中，飽經流離顛沛之苦。他對兵禍之酷，軍閥之暴，是深有體會的。南唐經濟繁榮，國力強盛，而當時北方是後晉統治時期，社會混亂。在這樣歷史條件下，不僅將領們要求北伐，而且一些士人也主張北伐。但李昪卻認為：「兵為民害深矣，誠不忍復言。使彼民安，吾民亦安矣，又何求焉！」他還說「知足不辱，道祖之至戒」，討伐之議，願勿提起。

為甚麼李昪不主張北伐呢？南唐雖然經濟實力雄厚，兵也養得不少，但要進行大規模的北伐戰爭，條件並不成熟。和後晉、契丹比，南唐缺少一支能征慣戰的隊伍。當年楊行密能在淮南站住腳，靠清口之戰的勝利，而清口之戰，如沒有朱瑾的騎兵，是很難打敗朱溫的。後晉的軍隊有作戰經驗，不是南唐所可匹敵。南唐在長江下游，後晉據中原地區，南唐在地形上也有不利之處。楚、閩、吳越和吳、南唐一向敵對。

徐溫執政後，關係好轉，基本上和睦相處，但一旦南唐舉兵北伐，它們可能伺機襲取南唐領土。所以，北伐之議雖反映了要求國家統一的良好願望，但難以成功。

昪元五年（九四一）南漢劉龑遣使來金陵，策動南唐共攻楚國而分其地，李昪拒絕了。同年吳越大火，宮室府署焚毀幾盡，吳越王錢元瓘受驚而發狂，宋齊丘等人主張乘機攻取杭州，也為李昪所拒絕。他認為不能利人之災。派人到杭州慰問，送去物資，救濟吳越受災的百姓。一直到晚年，李昪還告誡李璟：「善和鄰好，以安宗祏（shí，宗廟）為意，不宜襲隋煬帝之跡，恃食阻兵，以自取亡覆也。」㊽

保境安民政策，使南唐繼續安定，社會經濟才有可能發展下去。而社會經濟的發展，又為全國統一創造了物質條件。從這個意義上說，南唐及其他各國的「保境安民」和全國統一的歷史潮流是不矛盾的。

十　統一大業

唐末以來，分裂的政治局面嚴重阻礙着社會生產力的發展。非正義的無休止的戰爭，破壞了社會生產，使人民遭受苦難。分裂局面使國內各地區之間的交流受阻，從而加強了社會經濟發展的不平衡性，破壞了已經形成的中國社會經濟的整體性。分裂局面不能有效地制止落後而強悍的少數民族的騷擾，而使民族矛盾加劇。分裂局面使中華民族和鄰邦國家、地區經濟文化的交流處於停頓。總之，分裂對於中華民族來說，有百害而無一利。

後梁王朝在幾大勢力中求生存，自無統一的主客觀條件。後唐平蜀，得州六十四，南方小國震驚不已。荊南高季興聽到這個消息時，正在吃飯，手上的筷子都駭得掉下來；楚國馬殷聽到消息，立刻上表，願歸老衡山之麓，上印綬以保餘年。然而李存勖沒有利用平蜀所造成的有利形勢，去完成統一大業。

南唐李昪時，社會經濟有較大發展。此時，北方是腐敗的後晉王朝；閩、南漢、楚正值王昶、王曦、劉玢、劉晟、馬希範的殘暴統治。當時的名士史虛白（《釣磯立談》的作者）對李昪說：「中原方橫流，獨江淮豐阜，兵食俱足，當長驅以定大業，毋失事機，為他日悔。」可是李昪不以為然。李昪與群臣討論統一大業時說：權衡天下形勢，以山河為腹背，有了腹背則手足運用自如。我繼承了楊（氏）、徐（溫）這份遺業，地處東夏，從地形上說是不利的，就好比繪畫時局限於邊幅，毛錐未得處囊中，所以我不能執干戈，身先士卒。當時馮延巳不贊成，認為可以先使自己羽毛豐滿起來，辦法是滅掉閩、吳越、荊南和楚。李昪又不以為然，認為存鄰國以為屏障，寬刑平政，發展生產，等待中原之變，那時投袂而起，實行統一。總之，李昪認為條件尚未成熟，不主張貿然興兵。關於這一點，歐陽修評論說，李昪「志在守吳舊地而已，無復經營之略也」。李昪着眼於保境安民，對統一的信心不足。

李璟和李昪不同，他有拓土野心，但所用非人，吏治不修，加上北方形勢發生變化，他統一的主客觀有利條件逐漸失去了。當契丹南掠，即將擄走晉出帝時，韓熙載曾上書促李璟乘機出兵中原。韓熙載說：「陛下有經營天下之志，當在今時，若戎主遁歸，中原有主，安輯稍定，則未可圖也。」契丹入晉，北方的將吏如密州刺史皇甫暉、棣州刺史王建等投奔南唐，形勢確是對南唐有利，但李璟當時正「連兵福州，未暇北顧」，失去了北伐機會。到了後周，情況不同了。韓熙載說，郭威雖立國不久，但「為理已固」，就是已經確立了正統王朝地位，對於南唐來說，北伐是不會成功的。

楚國雖然沒有統一中國的條件，但也有人在契丹入中原後，主張建大義，興師驅逐契丹，恢復漢族地主的統治。如丁思觀就曾這樣勸說馬希範。這表明統一中國是時代的潮流。這種潮流在統治階級中有所反映。

歷史的發展，使統一的重任落到柴榮和趙匡胤的肩上。

郭威在位時間短，只能做到政局初安，來不及進行統一活動。柴榮繼位後，於顯德二年（九五五）四月，詔翰林學士承旨徐台符等二十人，各撰《為君難為臣不易論》《平邊策》各一篇，對政治改革和統一方略提出建議。陶谷、竇儀、楊昭儉、王樸等在論、策中提出先取江淮。柴榮正「思混一天下」，接受了這個戰略。為甚麼先取江淮為好呢？王樸《平邊策》說：「攻取之道，從易者始。」當今吳（指南唐）國最易攻取。吳地廣，我師可以聲東擊西，擾其無備，攻虛擊弱。敵方如大肆徵發以抗我師，則必民困國竭；如不大肆徵發，則我師獲利。既得江北之地，則江南之地不難平定。「得吳，則桂、廣（指南漢）皆為內臣，岷、蜀（指後蜀）可飛書而召之。」蜀不接受召降，即出兵攻取。吳、蜀平，幽（指契丹佔領區）可望風而至，并（指北漢）可徐為後圖。

王樸的戰略是軍事手段、政治手段並用。對南唐使用軍事手段，對南漢則用壓力使之內附，對後蜀先招降後攻取。這樣可以事半功倍。王樸還指出，後周「兵力精練，器用具備，群下知法，諸將用命」，統一的條件已具備，只要戰略策略正確，「一稔之後，可以平邊」。

柴榮、王樸的主張不是所有的臣僚都能接受的。當時有一些文臣主張統一以「修文德為先」，他們不想用兵。但柴榮決心用兵實現統一，排除了這些反對意見。

統一戰爭的先聲是攻取秦、鳳、成、階四州（今甘肅秦安縣、徽縣、成縣和武都縣）。這四州，是後晉末年相繼為後蜀所佔有的。當時秦州節度使何建以秦、成、階三州降蜀，含有不願向契丹屈服的意思。後蜀又攻佔了鳳州。後蜀統治者對四州人民殘酷榨取，弄得怨聲載道。顯德二年三月，秦、鳳人民相繼到開封獻策，要求收復舊地，解除他們的痛苦。四月，柴榮任命宣徽南院使向訓和鳳翔節度使（駐今陝西鳳翔縣）王景、客省使昝（zǎn）居潤領兵收復這四州之地。五月，王景兵自散關直抵秦州東面，收復了黃牛寨等八寨。後蜀發兵抵抗，但將領趙季札離成都未遠就怕死還師，被後蜀主孟昶處決。另一支後蜀兵在北路行營都統李廷珪指揮下和王景部交戰於鳳州城東，略有小勝。七月，柴榮正式命令王景為西南行營都招討使，向訓為行營兵馬都監，派趙匡胤赴前線調查，決心繼續用兵。王景等克服困難，轉敗為勝。後蜀雄武節度使韓繼勳放棄秦州，奔還成都，觀察判官趙玭（pín）以州城投降。接着成、階二州投降。十一月，王景攻下鳳州，活捉後蜀威武軍節度使王環。四州全部收復。

在王景攻克鳳州前夕，柴榮估量到西線戰事即告結束，便任命李谷為淮南道行營都部署、王彥超為副部署，率領侍衛馬軍都指揮使韓令坤等十二將領的軍隊，進攻南唐淮南地區。這是一場規模大、持續時間長的統一戰爭。

這次戰爭從爭奪壽州開始。李谷率師沿潁水而至淮水重要渡口正陽（今安徽壽縣西）。正陽渡南邊叫東正陽，北邊叫西正陽。李谷軍抵西正陽後，架設浮橋，渡淮水，克東正陽，推進到壽州（今安徽壽縣）城下。

壽州是南唐軍事重鎮。為了抗擊後周軍隊南下，李璟任命名將劉仁贍為清淮軍節度使，出鎮壽州。劉仁贍略通兵書，治軍法令嚴肅。在後周李谷軍即將抵達時，南唐將士人心惶惶，而劉仁贍神氣自若。他分兵部署，準備堅守。

南唐以神武統軍劉彥貞為北面行營都部署，將兵二萬增援壽州。又以奉化節度使（駐江州，即今江西九江市）皇甫暉和常州團練使姚鳳分任應援使、應援都監，將兵三萬屯定遠（今安徽定遠縣）。

劉彥貞率領的援軍抵達來遠鎮（在今壽縣西南），戰船數百隻也沿淮水逼近正陽渡。後周李谷的軍隊全是步騎，一旦正陽浮橋被劉彥貞的水軍攻佔，李谷就陷於腹背受敵的困境。李谷焚燒糧草，退守西正陽。

正當軍事形勢對後周不利的時候，柴榮親征了。他命侍衛都指揮使李重進將兵先赴正陽，增援李谷。又以河陽節度使白重贊屯兵潁州（今安徽阜陽）的潁上縣（今安徽潁上縣）。柴榮在路上接到報告，命令李谷不要後退，但李谷已退到西正陽。李重進一到西正陽，即渡過淮水到東正陽，和北進的南唐劉彥貞、咸師朗軍隊接戰。在李重進軍隊猛擊下，南唐大敗，劉彥貞戰死，咸師朗被俘。南唐軍「伏屍三十里」，丟失軍資、器械三十餘萬件。軍事形勢向有利於後周的方面發展。

柴榮以李重進代李谷為行營都招討使，把正陽浮橋遷往正陽東面的下蔡鎮，接着又親自率師包圍壽州，徵發宋州（州治在今河南商丘南）、亳州、陳州（州治在今河南淮陽）、潁州、徐州（州治在今江蘇徐州市）、宿州、許州（州治在今河南許昌市）、蔡州（州治在今河南汝南縣）丁夫數十萬攻壽州城，晝夜不息。在壽州以外地區，後周軍隊也接連取得勝利。

由於劉仁贍死守壽州，柴榮決定先分兵攻取淮南其他州縣。顯德三年（九五六），在柴榮指揮下，後周軍先後攻取滁州（州治在今安徽滁縣）、揚州、泰州、光州（州治在今河南潢川縣）、蘄州（州治在今湖北蘄春縣）、舒州（州治在今安徽懷寧縣）、黃州（州治在今湖北黃岡縣）。

南唐在劉彥貞戰死、江北各州相繼淪陷的情況下，被迫一再求和。李璟先派泗州（州治在今江蘇泗洪縣東南）牙將王知朗到徐州，表示願效貢賦，以兄事柴榮。柴榮拒絕答覆。李璟又派翰林學士鍾謨（mó）和李德明奉表向後周稱臣，送去牛、酒、金銀、羅綺等禮品，請求以割讓壽、濠（州治在今安徽鳳陽縣東）、泗、楚（州治在今江蘇淮安縣）、光、海（州治在今江蘇連雲港市西南海州鎮）六州為條件，罷兵和好。柴榮仍不答覆。李璟求和心切，再派宰相孫晟和禮部尚書王崇質請和，「辭益卑服」。但柴榮意在盡取南唐江北之地，還是不允和議。鍾謨等表示，願向李璟陳說利害，獻出江北各州，柴榮才同意放李德明、王崇質回金陵。但李璟及宋齊丘等人反對割江北之地，和談沒有進展。

柴榮回開封，大治水軍。從南唐降卒中選擇水手，加以訓練；又添造戰船。

在柴榮回開封期間，由於後周軍隊缺乏統一指揮，喪失一些已佔領的州縣；加上後周軍隊紀律不好，到處搶掠，引起江北人民自發反抗。南唐江北「諸郡屯田（民）相率起義，以農器為兵，襞（bì）紙為鎧，處處保聚，號白甲軍，周師苦之」。[69]柴榮為了打破僵局，迅速攻下淮南，於顯德四年（九五七）二月，再次親征。他帶來了新建的水軍，使後周方面的軍事優勢進一步加強了。

根據柴榮的決策，集中力量攻打壽州。壽州南面有紫金山，南唐派兵佔領了這個制高點，並築了一條夾道，通到壽州城，從夾道運送糧草，供應壽州軍民。後周軍隊在柴榮指揮下，攻破了紫金山據點，毀了夾道，使壽州城完全陷於孤立。南唐紫金山守軍在兵敗寨破之後，將領被俘，士卒潰逃。後周軍分三路追殲這些敗兵，柴榮親率騎兵沿淮水北岸向東追擊；諸將率步騎沿淮水南岸向東追擊；水軍從淮水向東追擊。

南唐兵被殺死、溺死和被俘者達四萬人。正要北援的南唐元帥、齊王李景達聞訊後從濠州退回金陵。南唐的抵抗徹底失敗。劉仁贍聽到紫金山陷落、援兵就殲的消息後，「扼吭歎息」不已。他的病情驟然加重，不省人事。監軍周廷構等就用他的名義投降，後周佔領了壽州。

南唐軍從淮水前線節節敗退，濠、泗、楚、揚、泰等州接連被後周奪取。顯德五年（九五八）三月，在後周大兵壓境時，李璟派兵部侍郎陳覺和劉承遇進貢奉表求和，最後以獻出未被後周攻取的廬州（州治在今安徽合肥市）、舒州、蘄州、黃州和歲貢十萬錢為條件，達成和議。從此，南唐的江北十四州（光、壽、廬、舒、蘄、黃、滁、和（今安徽和縣）、濠、泗、楚、揚、泰、海），六十縣，二十二萬六千五百多戶，歸入後周王朝版圖。

柴榮進行的第三次統一戰爭是收復河北三關地區。

後周王朝建立以後，契丹一直利用佔領幽薊地區的有利條件出兵騷擾。郭威時，北漢勾結契丹，「願循晉室（後晉）故事」。由於郭威也在爭取契丹，雙方互有使者往來，使契丹的騷擾暫時有所節制。廣順元年（九五一），契丹貴族集團內訌，兀欲被殺，耶律德光之子述律被擁立為帝，改元應曆。述律是個昏君，契丹內部階級矛盾激化。但契丹貴族的侵擾活動並未因其削弱而停止。廣順元年冬，契丹蕭禹厥將兵五萬會同北漢兵打到晉州（州治在今山西臨汾市），郭威派王峻擊敗契丹兵，把他們趕回去。廣順二年（九五二）九月，契丹將高謨翰進擾冀州。廣順三年（九五三）契丹再擾鎮、定。顯德元年（九五四），北漢入侵，契丹派兵相助。高平大戰後，契丹屯忻、代，聲援北漢，柴榮不得不派符彥卿將萬餘步騎出擊。當時有人建議疏浚胡盧河，修築屯戍點，駐兵防守。但這不是解除契丹這個後顧之憂的好辦法，所以柴榮在南征勝利後，進攻契丹。

顯德六年（九五九）三月，柴榮北伐。由韓通率領先行的水陸兩軍循水道直達瀛、莫二州（今河北河間、任丘）。韓通為使這條水道暢通，開了三十六個游口，修補了破壞的堤防。後軍水陸並進。柴榮乘龍舟由水道北上，「舳艫（zhú lú）相連數十里」，直抵益津關（今河北霸縣）。益津關的契丹守將終廷輝投降。他是這次北伐中繼契丹寧州刺史投降後，歸附後周的第二個契丹將領。接着後周北伐軍沿陸路西進。趙匡胤先至瓦橋關，契丹守將姚內斌投降。契丹莫州刺史劉楚信、瀛州刺史高彥暉也都投降後周。這樣，瓦橋關以南失地全部收復。

北伐是比較順利的。四十二天中收復了益津關、瓦橋關、淤口關和瀛、莫、寧三州十七縣。由於柴榮得病，北伐中止了。柴榮五月底回到開封，六月十八日逝世，終年三十九歲。後周統一全國的大業沒有完成，這是令人惋惜的。

柴榮的統一活動，得到人民的擁護和支持。收復西陲四州，有人民獻策。進軍淮南，雖然一度因軍紀不好而遭到農民反抗，但隨後採取許多和緩措施，人民還是歡迎的。在泗州，百姓向後周軍「爭獻芻（chú）粟」；在壽州，也受百姓擁護。北伐契丹，淪陷區人民踴躍獻牛酒慰勞後周軍隊。

後周的三次統一戰爭，為北宋統一全國奠定了基礎。五代十國從分裂走向統一的歷史趨勢，說明中華民族具有強大的凝聚力和向心力，這種力量深深扎根於共同的經濟基礎和共同的文化、生活傳統。儘管維護統一要付出血的代價，但統一最終要實現。

注釋：

①《舊五代史》卷六〇，李襲吉傳。

②《資治通鑑》卷二六六。

③《新五代史》卷六八，閩世家。《資治通鑑》卷二八四云：林仁翰殺連重遇後再殺朱文進。

④《資治通鑑》卷二八三。

⑤馬令：《南唐書》卷二，嗣主書。

⑥《舊五代史》卷一四七，刑法志。《五代會要》卷九「定格令」作「令三十卷」「律並目錄一十三卷」。

⑦《舊五代史》卷一四七，刑法志。

⑧盧價，《五代會要》作盧質。

⑨《五代會要》卷九，定格令。
⑩《五代會要》卷九，定格令。
⑪《五代會要》卷九，定贓。
⑫《五代會要》卷九，定贓。
⑬《十國春秋》卷十五，南唐烈祖本紀。
⑭陸游：《南唐書》卷五，徐鍇傳。
⑮馬令：《南唐書》卷十一，王崇文傳。
⑯《舊五代史》卷一〇七，史弘肇傳。
⑰《新五代史》卷三〇，蘇逢吉傳。
⑱《新五代史》卷三〇，劉銖傳。
⑲《資治通鑑》卷二七八。

⑳《新五代史》卷六七，吳越世家。

㉑《新五代史》卷六六，楚世家。

㉒《舊五代史》卷一四八，選舉志。

㉓《五代會要》卷二〇，選事上；卷二三，緣舉雜錄。《舊五代史》卷一四八，選舉志。

㉔《舊五代史》卷一四八，選舉志。

㉕《舊五代史》卷一一五，周世宗紀。

㉖箋、刺：文書、名帖。

㉗《舊五代史》卷十八，敬翔傳。

㉘《舊五代史》卷五七，郭崇韜傳。

㉙《資治通鑑》卷二八一。

㉚《舊五代史》卷一二八，王樸傳。

㉛《新五代史》卷三一，王樸傳論。

㉜《資治通鑑》卷二七四，胡三省注。

㉝《舊五代史》卷五九，袁象先傳。

㉞《舊五代史》卷五，梁太祖紀。

㉟《續資治通鑑長編》卷十一。

㊱《續資治通鑑長編》卷二。

㊲《宋史》卷一七九，食貨志。

㊳馬令：《南唐書》卷一，先主書。

㊴《舊五代史》卷一二四，劉訶傳。

㊵《舊五代史》卷二，梁太祖紀；卷十四，羅紹威傳。

㊶《舊五代史》卷二三一，楊師厚傳。
㊷又見《舊五代史》卷七注引。
㊸《新五代史》卷五一，安從進傳。
㊹《宋史》卷二六五，張齊賢傳。
㊺《舊五代史》卷四，梁太祖紀。
㊻《新五代史》卷三二，王彥章傳。
㊼《資治通鑑》卷二八四。
㊽馬令：《南唐書》卷五，後主書。
㊾《新五代史》卷十三，朱友文傳。
㊿李嗣源是李克用義子。
51《新五代史》卷十五，李從榮傳。

52 以上見《新五代史》卷六五，南漢世家。
53《續資治通鑑長編》卷十一。
54《舊五代史》卷九八，安重榮傳。
55《舊五代史》卷五四，王處直傳附王都傳。
56《舊五代史》卷九一，房知溫傳。
57《續資治通鑑長編》卷六。
58《資治通鑑》卷二八二。
59《新五代史》卷五四，馮道傳。
60《十國春秋》卷五二，李昊傳。
61《新五代史》卷三八，宦者傳論。
62《新五代史》卷三八，宦者傳論。

⑥③《新五代史》卷十六，唐廢帝皇后劉氏傳。

⑥④一說重胤是重貴之兄，一說是叔。

⑥⑤《新五代史》卷五六，馮玉傳。

⑥⑥《資治通鑑》卷二八二。

⑥⑦《舊五代史》卷一三四，楊行密傳。

⑥⑧《釣磯立談》。

⑥⑨馬令：《南唐書》卷四，嗣主書。《資治通鑑》卷二九三載：「（南唐）民皆失望，相聚山澤，立堡壁自固，操農器為兵，積紙為甲，時人謂之『白甲軍』。周兵討之，屢為所敗。」

第三章　五代十國的經濟

五代十國是一個分裂、混戰時期，社會經濟遭到嚴重破壞。但就各個政權具體情況而言，社會經濟遭受破壞的程度是不同的；一些統治者為了自身安全，也曾採取若干措施，發展農業、手工業，繁榮商業，在一定程度上恢復了社會生產，改善了財政經濟狀況，緩和了階級矛盾。五代十國時期北方經濟的恢復、發展經歷着曲折的道路，南北方經濟發展的不平衡性特別明顯。

一　農業生產

五代十國的農業生產情況，可分為兩大地區來敘述。黃河流域，包括關中、河南（東起登、萊，西到潼關的黃河以南地區）、河東、河北四個地區，是後梁、後唐、後晉、後漢、後周與北漢的統治區。這個地區從唐末以來，農業生產即處於萎縮狀態。而南方（包括蜀、淮南），因為社會環境相對安定，統治者一般也比較注意休養生息，減輕過一些賦稅剝削，農業生產基本上是發展的。

北方農業

唐末至五代初，黃河流域經歷着一場嚴重的大破壞。先是唐王朝派兵鎮壓王仙芝、黃巢起義，戰爭所及，經濟凋蔽。接着新老軍閥如秦宗權、朱溫、時溥、朱瑄、李克用、王鎔、王處直、劉仁恭等人兼併混戰，把已經凋蔽的黃河中下游地區的經濟弄得一塌糊塗。秦宗權派秦彥攻江淮，秦賢亂江南，秦誥打襄州，孫儒掠孟、洛、陝、虢（guó，以上各州，即今河南洛陽以東、以西地區），張晊、盧塘擾汝、鄭、汴（今開封、鄭州地區）。「賊首皆慓銳慘毒，所至屠殘人物，燔燒郡邑。西至關內，東極青、齊（今山東濟南、益都地區），南出江淮，北至衛、滑（今河南汲縣、滑縣地區），魚爛鳥散，人煙斷絕，荊榛蔽野。」①朱溫自光啟至大順六、七年間，反覆攻打徐、泗三郡，使「民無耕稼，頻歲水災，人喪十六、七」。朱溫攻鄆州朱瑄，也歷時三、四年，常常春、秋兩季入鄆搶掠，使百姓不得播種，即使播種，也不得收穫，生產無法進行。②梁晉戰爭的主要戰場河北，所受戰禍之酷，難以用筆墨形容。如天祐三年（九〇六），朱溫為了穩住魏博羅紹威的統治，出兵平定魏博牙兵（唐五代節度使的親兵稱牙兵。牙兵亦叫衙兵）之亂。朱溫駐軍魏州（魏博節度使治所，今河北大名東北）半年，殺了牛羊豬近七十萬隻，吃的糧食不計其數，走時又接受羅紹威巨大的賄賂。牛，是進行農業生產所必不可少的，殺了這麼多牛，農業生產怎麼能不受影響呢？幽州劉仁恭在朱溫圍攻滄州劉守文時，發兵援救，令境內男子十五歲以上、七十歲以下，都自備兵糧出征。勞動力被充作炮灰，農業生產受到嚴重影響。

後梁建立後，與晉發生了潞州城和趙州柏鄉兩次大戰，雙方動用大量兵力，徵調大量民夫，給河北人民帶來無窮的災難，給生產帶來無可估量的損失。後梁軍在柏鄉失敗後，撤退到冀州的蓨縣（今河北景縣），農民拿着農具、木棒趕來逐殺，說明農民對於軍閥混戰的禍害是多麼痛恨！總之，從唐末到五代初，黃河中下游的經濟已經到了崩潰的邊緣。

當時洛陽附近，滄、景地區，鄆、滑地區，真可以說是赤地千里。

在這樣歷史條件下建立起來的後梁王朝，如果不及時改善經濟情況，就必然會危及王朝的穩定。開平元年（九〇七）十二月，朱溫在詔書中說：潞寇（指據守潞州城的晉將李嗣昭）未平，我師在外，攻戰之勢，不能減緩，運送軍糧，實勞於人力，百姓不能生產，應當深切關懷。州縣長吏，當佈告百姓，等到罷兵之日，一定減免租賦。這反映出朱溫在戰爭緊迫情況下，對於民力負擔過重的焦急心情。因為農民的生產中斷，民力疲盡，對封建王朝徵調賦役不利。大約從唐末朱溫據有汴州，出任宣武、宣義、忠武、護國四節度使起，就開始在汴州（開封）地區恢復生產。《舊五代史》卷一四六《食貨志》說：朱溫「以夷門（汴州）一鎮，外嚴烽候，內辟污萊，厲以耕桑，薄以租賦，士雖苦戰，民則樂輸，二紀之間，俄成霸業。」所謂「民則樂輸」是溢美之辭，但朱溫統治時對減輕農民負擔確是比較注意的。目的是使農民有簡單再生產的可能，從而使他們能交納租稅，承擔徭役。

後梁時恢復農業生產成績最顯著的是洛陽地區。早在唐僖宗光啟三年（八八七），軍閥張全義攻取洛陽，做了河南尹。這個名義上十數縣之尹，實際管轄的是不滿百戶的洛陽城。

張全義在洛陽立足之後，所做的第一件事就是招撫流散人戶，安定社會環境。當時，由於軍閥混戰，寇盜充斥，人民被迫逃亡，勞動力很缺。張全義挑選出十八名軍士，每人發一面旗一張榜，叫他們到河南府所屬各縣去招集流離失所的農民。這十八名軍士任屯將，實際上還兼理民政。經過十八屯將的努力，河南府偃師、鞏、緱氏、陽城、登封、陸渾、伊闕、新安、澠（miǎn）池、福昌、長水、永寧、壽安、密、河清、潁陽、伊陽、王屋十八縣逃亡農民陸續返鄉，重建家園。

張全義又派十八人去十八縣做屯副，負責安撫返回家鄉的百姓。除殺人者處以死刑以外，其他罪犯僅用杖刑。不用重刑，不徵租稅，使已經返回的安心生產，還沒有回鄉的樂於返回。這樣，勞力初步得到了解決。

為了防止慣匪、散兵的盜劫，張全義又令各縣挑選身強力壯的農民，教他們學習武藝，自衛家鄉，使農村有一個安定的社會環境。

張全義還注意幫助農民解決具體問題。凡有農民提出缺少勞力、耕牛或農具的，他就責成鄰里幫助解決。在督課農民耕織方面，他還能做到賞罰分明。他常常到州縣視察，看到田地耕作得好的，就把田主叫來慰勞一番，賞以酒食；誰家蠶繭豐收，或是麥子長得好，他就親自登門，把老幼都叫出來，賞給茶、綵（絲織品）、衣物。這些故事，說明張全義確實致力於發展生產。作為一名封建官吏，是難能可貴的。

張全義的苦心經營獲得了很好效果。到了文德、龍紀年間（八八八—八八九），河南十八縣中，大縣人口已達七千戶，中等縣已達四千戶，下等縣也有二三千戶。在勞動人民的辛勤耕作下，河南十八縣基本上消失了那種滿目荒涼的景象，代之以被開墾的田疇，裊裊的炊煙。中原大地恢復了生機，殘破的北方出現了一塊綠洲。

後梁統治地區僅有七十八州，農業生產恢復發展比較好的，除汴州和河南府外，還有許州、華州等地。後梁之所以能在唐末戰勝二朱，力屈李茂貞、王師範，與李克用隔河對峙，是和汴州、河南府、許州、華州等地區農業生產不同程度地恢復、發展分不開的。張全義就是貢獻糧秣最殷勤的一個官吏，他之所以能保存自己，就靠在經濟上對朱溫的支持。

後唐李存勖治國無能，荒淫無度，使後唐王朝財政陷於困境。同光二年（九二四），他又以臭名昭著的孔謙為租庸使、孔循為副使。孔謙「重斂急徵」以滿足李存勖的奢侈生活，使北方人民難以溫飽，挫傷了他們的生產積極性。

李嗣源於天成元年（九二六）、二年（九二七）相繼革除了軍糧加耗等陋規，免除了諸道州府同光三年（九二五）以前所欠的兩稅、務局的課利、沿河舟船折欠等稅項，減輕了農民、手工業者和商人的負擔。他正確處理了逃戶問題。凡逃戶未歸本籍的，其莊園、屋舍、桑棗由州縣派人看管，不許毀拆房屋，砍伐樹木；如有損失，允許逃戶回來後提出申訴。保護逃戶的私有財產，有利於流民回到家園。他又規定，百姓從事墾荒，凡田不到五頃，時間不滿三年的，一律免徵賦役。他還注意發展耕牛和放寬對製造農具的限制。為了發展耕牛，禁止無辜宰殺。官府監冶生產的生鐵，供應民間製造農具、鐵鍋等生產、生活用具。百姓只要隨兩稅交納農具稅（每畝一文五分），即可鑄造農具。他還注意發展屯田，靈州、絳州、淄州等地的屯田取得較好成績。李嗣源這些措施，使北方農民得到生機，史言其時「年屢豐登，生民實賴以休息」。③可惜這種農業生產向前發展的形勢，隨着後唐末年統治階級的內訌和後唐王朝的滅亡而不復存在了。

後晉石敬瑭雖有過減輕剝削之舉，「務農桑以實倉廩，通商賈以豐貨財。數年之間，中國稍安」。④但是，從總的形勢看，石敬瑭統治時期的經濟狀況是不好的。他依靠契丹統治者建立後晉，對契丹割地、輸帛直接損害了後晉的經濟。幽薊十六州從唐以來就是河北一個地形十分重要、經濟比較發達的地區，失去了十六州，軍事上促使了外患形成，經濟上也因喪失了大片農業、牧畜業區而使財政收入減少。每年向契丹輸帛三十萬匹，更是後晉的沉重的財政負擔，從而加劇了階級矛盾、民族矛盾。

在階級矛盾、民族矛盾激化的情況下，後晉王朝難以抗禦頻繁的天災。如天福八年（九四三），「春夏旱，秋冬水，蝗大起，東自海壖，西距隴坻，南踰江淮，北抵幽薊，原野、山谷、城郭、廬舍皆滿，竹木葉俱盡」，「民餒死者數十萬口，流亡不可勝數」。⑤這是一幅多麼悽慘的災荒圖景！後晉統治者不顧人民死活，還派遣官吏分往諸道州府搜括糧食。又如：開運元年（九四四），「滑州河決，浸汴、曹、單、濮、鄆五州之境，環梁山合於汶」。⑥大片農田被水淹沒了，生產中斷，農民淹死，餓死，或流落他鄉，無家可歸。舉此兩例，便可看出石重貴統治時期天災的慘重。在這樣的情況下，再加上契丹的虜掠燒殺，人民如何能進行生產？黃河中下游地區又經歷着一次農業生產的大破壞。這是北方第二個經濟衰落期。

這種經濟衰落的情況，直到後漢時還是如此。後漢對人民的剝削超過了後梁、後唐、後晉三王朝。後漢主管財政的三司使王章，為了支付軍費，把兩稅的「雀鼠耗」，從每一石稅額交二升增加到交二斗。所謂「雀鼠耗」，又名「省耗」，是正額以外的加徵，名義上為了補貼被麻雀、老鼠吃掉的損耗，實際上是增加兩稅稅額的一種藉口。農民是增加「雀鼠耗」的直接受害者。王章新創陌法，表面上規定官府出納緡錢，都以八十為陌，百姓輸稅也照這個標準，凡需交一百錢（一陌）者，交八十錢即可；而另外又規定凡官府支出，扣三錢，即七十七為陌。這樣，官府出少納多，大獲其利。更加殘忍的是，王章「急於財賦，峻於刑法，民有犯鹽、礬、酒、麯之令，雖絲毫滴瀝，盡處極刑。吏緣為奸，民不堪命」。所以，後漢時經濟上的凋蔽狀況在加劇而不是在減緩。

自後周建立，黃河中下游地區的經濟進入第二個恢復期。

郭威於廣順三年（九五三）頒佈處理營田的法令，規定除京兆府莊宅務、贍國軍（五代之初於渤海濱置榷務，後升為贍國軍，顯德三年改置濱州，州治在今山東濱縣）榷鹽務、兩京行從莊外，其餘營田官莊割屬州縣，營田官莊的莊田、桑土、舍宇等項賜給佃戶，縣司發給他們憑證。這些農民從此成為自耕農，編入州縣戶籍納稅。「是歲出戶三萬餘，百姓既得為己業，比戶欣然，於是葺屋植樹，敢致功力。」⑦生產積極性大大提高。

後周初年農民的處境，比後晉、後漢時有很大好轉，主要原因是賦稅、徭役的減輕。郭威一建國就把注意力放在內政上，他曾謙虛地說：「朕生長軍旅，不親學問，未知治天下之道。」要臣僚報告益國利民之術。這一點是五代許多統治者所不及的。根據當時民疲田荒的嚴酷現實，郭威把減輕農民負擔作為治國的重要措施。如改革鹽法，根據犯禁多少定刑，凡私自製造售賣五斤以上鹽、麯者，處死。這雖然還很嚴酷，但比後漢不計斤兩，犯禁者一律處死的情況，有些改善。改革牛皮稅，將原納數額減免三分之二，所納牛皮稅攤入田畝，隨夏稅徵收，大約每十頃土地納牛皮一張。減輕傜役，諸道州府官吏不得額外差遣百姓丁戶（即職役）。此外，還多次減免兩稅。因此，農民生產的積極性提高了，生產的條件亦有所改善。

柴榮即位後，又頒佈處理逃戶莊田法和《均田圖》。處理逃戶莊田法的頒行，用意在於鼓勵逃戶早日還鄉。具體辦法是，逃戶莊田，允許別人佃種，交納賦稅。如逃戶在三年內回鄉生產，交還土地一半；五年內回鄉生產，交還三分之一；五年外回鄉生產，只交還墳地，其他歸佃種者耕種。北部與遼交界地區，則放寬規定。《均田圖》是柴榮根據唐元稹的《同州奏均田狀》制定的，要求各州縣調查土地的實際數量，按田畝實數收稅，使豪富無法隱沒田產，逃避賦稅，貧苦農民不致負擔過重的額外賦稅。《均田圖》的頒佈，用意在於糾正賦役負擔輕重不均情況，使負擔較為均平，以促進農業生產的恢復與發展。這一措施，也保證了國家的賦稅收入建立在穩定的基礎上。

柴榮還重新規定了兩稅的徵收時間，夏稅六月一日起徵，秋稅十月一日起徵，永為定制。柴榮在攻取淮南十四個州、六十個縣之後，宣佈釋放淮南鄉兵歸農，使大批勞動力和土地結合起來。

從郭威到柴榮，在一定程度上廢止了阻礙農業生產發展的弊政，推行了不少有利於農業生產發展的措施，為黃河中下游的經濟恢復，提供了較好的條件。

五代時期北方農業發展，經過兩起兩落的曲折道路，與唐末以來方鎮割據混戰以及軍閥政權更迭頻繁，有密切的關係。社會經濟的發展受着上層建築的影響，於此可見一斑。但是，生產力最終要戰勝任何阻礙力量，向前發展。五代某些統治者所推行的一系列經濟改革，反映了生產力的客觀要求，他們是順應時勢者。五代後期統一南北的歷史潮流的形成，也是基於生產力發展的要求。

南方農業

五代時期的長江流域、錢塘江流域、閩江流域、珠江流域等地的農業，雖然和黃河中下游不同，沒有經過曲折道路，基本上是一直向前發展的，但分裂割據局面對這些地區的農業，影響仍然是很大的。這一時期南方農業發展的特點，一是農業生產的廣度和深度比唐代增加了，農業的商品化亦有所擴大；二是不平衡性也增加了，這種不平衡性不僅表現在各小國之間經濟發展速度上的差別，而且也表現在一個小國之內前期與後期情況的不同。

南方農業的發展，是和五代初期南方各國的休養生息政策分不開的。

吳國奠基者楊行密在取得淮南之後，「乃招合遺散，與民休息，政事寬簡，百姓便之」。⑧ 這樣，經過唐末高駢、秦彥、畢師鐸、孫儒和楊行密混戰七八年的局面基本結束，淮南農業生產開始恢復。為促進農業生產，楊行密還減輕賦稅。後人發現楊行密時的稅帖，當時稅錢比南唐輕數倍。⑨

徐溫在後梁開平年間曾與吳越在蘇州、無錫進行過大規模的戰爭，擊潰吳越兵，「斬首萬級」。他不追窮寇，立即採取睦鄰政策，一面乘勝班師，一面遣使到錢塘，送回被俘的吳越將領，達成和議。「自是吳國休兵息民，三十餘州民樂業者二十餘年。」⑩為吳國農業的發展提供了條件。他知道要愛惜民力。他的母親死了，將吏們紛紛「致祭，為偶人，高數尺，衣以羅錦」。他看到很不高興，說：「此皆出民力，奈何施於此而焚之，宜解以衣貧者。」⑪在吳國中期，社會環境繼續安定，農業生產向前發展。

徐知誥（李昪）繼續採取休養生息政策。他一反徐知訓輩的奢侈惡習，「約身以儉」。據說他盛暑不張蓋、操扇，穿着樸素，力戒臣下淫樂。他這樣做是為了減輕人民負擔。

更重要的是徐知誥實行了一系列經濟改革。首先，他以吳王名義，蠲（juān）免了天祐十三年（九一六）以前民戶欠稅。⑫這一措施，有助於增強農民簡單再生產能力。其次，他下令革除丁口錢。丁口錢就是人頭稅，唐末各地軍閥為了加緊搜括，以各種藉口，計丁徵錢，為害甚深。徐知誥根據宋齊丘的建議，取消丁口錢，對於普遍減輕農民負擔，是有積極意義的。還有一件重要的改革，就是改兩稅計畝稅錢為交納穀帛。唐兩稅法規定交納的種類有斛斗（糧食）、匹段（絹帛）、錢三大色，其中匹段折錢計算。吳時，不僅匹段，而且斛斗，都已採取直接納錢辦法。吳順義年間規定上田畝稅二十一文，中田畝稅十八文，下田畝稅十五文⑬。但農民沒有錢，為了納錢，不得不出賣穀帛，受商人、地主剝削。徐知誥採用宋齊丘建議，讓農民直接交穀帛紬絹；其中錢這一色，仍讓農民交納絹帛來折算，折算時，每匹絹帛價比市價高。如絹每匹市價五百文，政府收稅時，按每匹一貫七百計算，這對農民有利。⑭由是曠土盡闢，「國以富強」。⑮

在南唐初年，李昪進一步實行經濟改革，推動了農業生產的繼續發展。昪元三年（九三九）下詔，對新歸附的百姓授田，並免除他們的賦稅三年。這是根據幾年來流入南唐境內的農民日益增多的情況下作出的決定。又規定百姓種桑滿三千株，賜帛五十匹；每丁墾田滿八十畝，賜錢二萬。受獎勵者還可以免交五年租稅。李昪還注意減輕人民力役負擔，以免影響農時；及時組織防災抗災，控制災情，保護農業生產。

昇元五年（九四一），李昪再行賦稅改革。主要是通過丈量土地，根據土地肥瘠不同，「定民田稅」，糾正地廣土肥稅少而地狹土瘠稅多之弊。這種弊端已經年久日深。這次「定民田稅」收到了預期效果，「民間稱其平允」。⑯順便指出，南唐部分恢復了吳順義年間規定的「計畝輸錢」制度。夏稅都輸錢，只有秋稅（秋苗）還輸米麥。

總之，從楊行密到李昪，吳、南唐的休養生息政策是有成效的，使農民能比較安心生產，淮南、江南各州的農業得以持續發展。

在無錫之役後，吳越錢鏐與吳休戰，保境息民，以甦民力。錢元瓘亦繼承保境安民的國策。到了錢氏統治後期，吳越之富，甲於江南，後人稱讚說：「浙右富庶登豐之久，上下無事，惟以文藝相高。」⑰

閩統治者王審知「起自隴畝，以至富貴，每以節儉自處，選任良吏，省刑惜費，輕徭薄斂，與民休息，三十年間，一境晏然」。⑱福建五州的開發跨出可喜的一步。

南漢早期，臣僚王定保等人，頗有治國經驗，使南漢的開發，有一個較為良好的條件。

楚在馬殷時即「退兵修農」，致力於發展經濟。中間雖經馬希聲、馬希範、馬希廣等人暴虐統治，受了影響，但楚亡後，經周行逢的督課，民務稼穡，農業形勢還是比較好的。

荊南為中原、蜀、江淮、湖南四個地區的結合部，易因各割據力量衝突而影響農業生產。從高季興起，招緝流民，恢復生產，又與東西南北各割據政權周旋，保境自存，能維持農業生產活動的進行。

前、後蜀藉助於優越的地理條件，發展農業。前蜀王建在即位後宣佈：畿內諸州及諸州府應徵的當年夏税，每貫減免二百文；武成元年（九〇八）正月九日以前，軍人百姓凡因拖欠賦税或因擔保賦税而填賠不起，被官府收沒的屋舍、莊田，其未予處理部分，發還給本主耕種，輸納賦税；禁止徵税時分外加耗，如有官吏違背，允許百姓上訴。這些措施有利於減輕人民的賦税負擔和鼓勵那些流落他鄉的百姓返回家園，發展農業生產。武成三年（九一〇），王建頒佈《勸農令》，以諸葛亮治蜀為榜樣，提出與民休息，發展農業的方針。《勸農令》説：現在國家逐漸安寧了，各郡守、縣令務必要體恤下民，不要侵擾他們，使他們能安心於農事。張唐英撰的《蜀檮杌》中，稱頌王建「勸課農桑，輕省徭賦」，給農民提供從事農業生產的條件。

後蜀孟昶在位近三十年，雖然君臣奢侈成風，境內還算安寧，農業繼續發展。明德元年（九三四），孟昶發佈《勸農桑詔》，要求刺史、縣令「出入阡陌，勞來三農」，勸農勸桑。廣政四年（九四一）孟昶又著《官箴》（箴，勸戒），內有「無令侵削，無使瘡痍；下民易虐，上天難欺」之句。宋太祖趙匡胤摘取這四句話，令郡縣刻石置於公座前。從《官箴》看出後蜀對吏治有所整頓，這對生產的發展也有好的影響。

綜上所述，南方各國在不同程度上獎勵農桑，改革賦稅，採取休養生息措施，減輕農民負擔，為他們提供一個能夠從事生產的安定的社會環境，使生產取得穩步的發展。

興修水利和擴大墾田，是南方農業生產發展的重要標誌。

淮南水利，素來發達，河渠陂塘堰閘，所在皆是。揚州、楚州許多舊有塘陂，五代時還發揮着灌溉作用。這些塘陂與湖泊相連，星羅棋佈，滋潤着片片良田。南唐保大十年（九五二），整修了楚州的一些堙廢塘陂，還築了白塘，增加了灌溉效益。廬州境內有肥水、巢湖，壽州有芍陂，都是歷代著名水利工程，一直造福於人民。

吳越水利在十國中是最著名的。錢塘湖（今杭州西湖）在唐時已修築成遊覽、灌溉兩利的湖泊，白居易刺杭時曾制定「錢唐湖事刺史要知者四條」。吳越時，錢塘湖因年久失修，「湖葑（fèng）蔓合」（菰草叢生，菰根盤結，蔓延覆蓋湖面），影響灌溉。錢氏「乃置撩兵千人，以芟（shān）草浚泉」。又引湖水為湧金池，並與運河溝通。在湖濱的鮑家田建淨空院，該院右側有泉水號玉泉。鮑慶臣是吳越的宰相，他的賜田就在玉泉山下。當時玉泉水灌溉着包括鮑家田在內的一片良田。

在唐末五代，錢塘江邊，因海潮襲擊，「自秦望山東南十八堡，數千萬畝田地，悉成江面，民不堪命」。⑲後梁開平四年（九一〇）八月，錢鏐動員了大批勞動力，開始修築捍海石塘。勞動人民戰勝了洶湧的江濤，用木樁把裝滿石塊的竹籠固定在江邊，形成堅固的堤壩，這就是有名的「錢氏捍海塘」。它保護了江邊農田不再受海潮侵蝕，並由於石塘具有蓄水作用，使江邊農田得到灌溉，促進了杭州郊區農業的發展，「由是錢唐富庶盛於東南」。⑳錢氏據有兩浙後，還曾修築武義縣的長安堰，受益農田達萬餘頃。餘杭縣的上湖、下湖、北湖也是重要水源，經過整理，對農業生產效益很大。

嘉興境內有柘湖、澱山湖、當湖、陳湖等四湖，支港相貫，堰塘堤壩眾多，可以禦海潮，也可以蓄水和泄水，對於農業發展頗為有利。太湖在蘇州的吳縣、嘉興、長洲等地水利，唐末受到破壞，錢鏐在這個地區建置「撩水軍」四部，共七、八千人，專責浚湖、築堤、疏河浦，使農田旱能灌，潦能排。宋人郟橋說：「浙西昔有營田司，自唐至錢氏時，其來源去委，悉有隄防堰閘之制，旁分其支脈之流，不使溢聚以為腹內畎畝之患，是以錢氏百年間，歲多豐稔，惟長興中一遭水耳。」[21]後晉天福五年（九四〇），錢元瓘將農業發展、經濟地位重要的嘉興、海鹽、華亭、崇德四縣成立秀州。

湖州的水利條件也很好。境內烏程、長興兩縣是太湖邊上的平原，池、塘、港、汊眾多，對農業生產很有利。天目山水可灌溉安吉、武康等縣的農田。蘇州水利向來發達，錢氏繼續着力經營，舊有水利工程分佈在白茆等十浦，一直較好地發揮着作用。長洲縣皇天蕩，排灌兩用。宋人講蘇州水利時，還提到它。

浙東的越州、明州，平原與丘陵交錯，有不少湖、塘，灌溉着大片農田。《宋史．食貨志》說：「明、越之境，皆有陂湖，大抵湖高於田，田又高於江、海，旱則放湖水溉田，澇則決田水入海，故無水旱之災。」在五代時期，這些湖陂起着很好的效用。如越州會稽的鏡湖（鑑湖）、鑄浦、鍊塘，諸暨的完浦，都用於灌溉，民間頗為依賴。明州的南湖，鄞縣的廣德湖、東錢湖、宅山堰，慈溪的慈濟湖，也是歷史悠久的水利工程。東錢湖面積八百頃，疊石為塘八十里，自唐至宋，一直發揮作用，可灌溉五十萬畝農田。台州的臨海、黃岩，水利條件也好。黃岩的天賜湖，歲旱能灌田千頃，就像天賜雨水給百姓一樣。溫、婺、衢等州都有一批這樣受益面廣的農田水利工程。

吳越湖塘多，田土膏腴，所以有「近澤知田美」之語。錢億墓碑有「南畝嗇夫荷決渠降雨之利，東野編戶安敖波出素之業」的句子（「敖」即熬，「素」指潔白的海鹽，「敖波出素」謂百姓有海鹽之利）。足見兩浙的富足和水利、海鹽有密切關係。

閩水利首推福州之西湖。王審知於後梁開平四年（九一〇）加以疏浚，使湖的面積擴大，「灌溉民田無算」。㉒泉州地區中，莆田是水利最發達的一個縣，諸泉塘、瀝嶝塘、永豐塘、橫塘、頡洋塘、國清塘都是建於唐時的灌溉工程，受益農田達一千二百頃之多，五代時仍然發揮效益。晉江、南安、同安各縣亦有塘陂。南安的一處陂，長七里許，「通九溪以溉田」㉓，是王審知時開浚的。漳州的龍溪縣，也有很多陂塘。後人評論說：「王氏竊據垂五十年，……民安土樂業，川源浸灌，田疇膏沃，無凶年之憂。」㉔足見水利對於閩農業發展的意義是很大的。

南漢番禺有甘泉苑等水利工程。楚有龜塘等著名水利工程。龜塘在潭州東二十里，馬殷時築成，能灌溉萬頃良田。朗州的潤禾堰、後鄉渠（又名右史渠），衡州的石盧塘等舊有水利工程，繼續發揮灌溉作用。

荊南的江陵，位於長江之濱，港汊密佈，洲多田多，水利條件較好。江陵城郊有「三海」，是三個用堤堰圍起來的湖泊，江水漲時可以蓄洪，旱時可以灌田。江陵的赤湖、高沙湖、五葉湖、多寶陂都是有悠久歷史的湖泊水塘，農民賴以溉田。多寶陂還是荊南名士梁震定居之處。高氏據荊南，不僅對江陵舊有水利工程陸續整修，並新修了一些水利工程。後梁貞明三年（九一七），高季興修築了從安遠鎮北之祿麻山到沱步淵的堤防，全長一百三十里，使漢水不能肆虐農田，「居民賴焉」，稱為「高氏堤」。江陵西門外，有高季興大將倪可福修的「寸金堤」。後周顯德元年（九五四），高保融修整江陵大堰，堵水成湖，名為「北海」。到高保勖時，因為這個湖阻礙交通，才把它的蓄水放掉了。

前、後蜀地處長江上游，其主要農業區是岷江流域的成都平原。都江堰是成都平原的灌溉樞紐。成都畿內各縣和有關州縣有成龍配套的渠道、堤堰。歷代都曾進行維修，以增加都江堰灌溉工程的效果。後蜀廣政年間，設置灌州（今四川灌縣）於灌口鎮，以加強對灌區的管理。新津縣的通濟渠（一名遠濟堰），是唐開元二十八年（七四〇）採訪使章仇兼瓊發動修築的，灌溉着眉縣、通義、彭山的廣大地區。王建時，眉州刺史張琳又自新津修覺山浚故址至眉州西南，和松江相合，可灌溉一萬五千頃良田，百姓深受其利，高興地唱道：「前有章仇後張公，疏決水利秔稻豐，南陽杜詩不可同，何不用之代天工。」㉕

不僅西川水利工程很多，東川也有不少堤堰。如奉節縣青苗陂，在白帝城北五里，是杜甫詩中提到過的水利工程，五代時仍然發揮效益。後蜀還在萬州（今四川萬縣）梁山縣設置屯田務，主持屯田和水利。據《九國志．石處溫傳》記載，它的規模很大，「常積穀數萬千石」。石處溫前後用屯田所積，獻軍糧二十餘萬石，受到孟昶的嘉獎。

擴大墾田，直接有助於農業的發展。南唐李昪曾詔令州縣，對投奔南唐的流民，鼓勵墾荒，給予優待，已見前述。吳、南唐圩田的開墾，也有着重要意義。北宋張顒墓誌記載：「李氏處江南，時太平州蕪湖有圩廣八十里，圍田四萬頃，歲得米百萬斛。」㉖這是江南各地圩田留下記載的一處。

吳越錢俶規定：「荒田任開，不起稅額」，大大促進了境內荒田的開墾。據《資治通鑑》《吳越備史》等書，這一決定公佈於後漢乾祐二年（九四九），「由是境內無棄田」。吳越營田也是有成績的，促進了浙西瀕臨太湖地區土地的開墾。宋范仲淹曾說吳越錢氏營田，水患減少，民間五十錢可糴白米一石。㉗

荊南、楚、前蜀、後蜀等小國也都在開墾荒地方面取得一定成績。如後蜀的灌州石氏屯田務，即開墾了不少土地。中國農業的發展，大體上沿着兩條道路前進，一是擴大耕地，二是精耕細作。五代時南方各國開墾荒地的成就，標誌着南方農業生產在廣度上有了發展。

南方農業的進步，還表現在稻麥生產與經濟作物生產的全面發展上。

唐以前，南方是以水稻生產為主。安史之亂、唐末五代，兩次北方人口南移，帶來了北方生產技術，小麥、豆類作物的種植逐漸增多了。

先說一下水稻生產的持續發展。淮南是水稻產區，揚、泰、楚、廬、壽、舒、黄、蘄諸州，有着大片稻田。泰州的香粳，舒州的粳米頗為有名。黄州黄岡縣稻米產量高，有白米河的地名。江西洪、吉、饒、撫、袁各州也盛產稻米，吉州一些地主常將米穀出售。太湖流域更是稻米之鄉，潤州稻田相望，南唐李中的《秋日登潤州城樓》詩，就有「水接海門鋪遠色，稻連京口發秋香」的句子。吳越稻米生產量很高，錢氏政權積蓄了大量穀米，錢佐時號稱國有十年之積。顯德五年（九五八），吳越運給後周稻米就有二十萬石之多。荊、楚也是稻米的產地，所以賦稅往往直接徵米，如楚馬希範時，聽從孔目官周陟倡議，於常稅之外，令大縣貢米二千石，小縣七百石，這個剝削數字是相當大的，但也說明農民廣泛種植稻米。前、後蜀水稻生產不亞於江南，《蜀檮杌》中論及後蜀之富庶時說：「是時蜀中久安，賦役俱省，斗米三錢。」可見稻米之充足。

值得注意的是，南方除稻米生產外，小麥生產亦有所發展。有些地區實行稻麥輪作，或在旱地種植小麥。南唐李中的《村行》詩，描繪了江南農村小麥生長的情況：「極目青青壠麥齊，野塘波闊下鳧鷖（fú yī）。」湖南地區也種植小麥，馬殷令永、道、郴（今湖南零陵、道縣、郴縣）徵丁錢絹米麥，可見在湖南南部的丘陵、山地，有農戶種植小麥。南方種麥，促進糧食生產的多樣化，適應北方人口南移的需要。宋以後，江南的小麥生產更發達了。

經濟作物有麻、桑、茶、甘蔗、水果等。

麻：王建攻彭州，書生王先成上書七事，其七曰：「彭州土地宜麻，百姓未入山時，多漚藏者。宜曉令各歸田裡，出所漚麻鬻之，以為資糧。」[28]可見彭州是蜀麻重要產地。吳、南唐、吳越境內麻的種植也比較普遍，所以吳、南唐政府有租布之徵，南唐德昌宮藏布四十間。[29]

桑：兩浙在唐時已成為著名蠶桑產地，如湖州各縣多種桑養蠶，陸羽隱居湖州苕溪，自號桑苧翁。到了錢氏時，蠶桑業更盛。例如靜海鎮遏使朱行先，屯駐細柳，「遍植桑麻」[30]，推動當地蠶桑業的發展。楚的蠶桑業是在馬殷踞潭州後發展起來的。《資治通鑑》卷二七四說：「湖南民不事桑蠶，郁命民輸稅者皆以帛代錢，未幾，民間機杼大行。」以製錦著名的蜀，在唐代以前一直有發達的蠶桑業。五代時，蜀有大量桑田，民間出售桑栽（桑苗）、桑葉的情況很普遍。有一次王建到蠶市巡視，看到很多人賣桑栽，就對隨從説：「賣桑栽的人這麼多，如果徵之以税，一定可以獲利。」他的話傳出後，農民怕重税困擾，就把桑樹砍了。當然這是一時現象，不久桑葉生產又發展起來。

茶：吳、南唐茶園多，是五代時的著名產茶區。淮南的光、舒、壽、蘄、黃等州，江南的常、宣、歙、潤等州以及江西的鄂、袁、吉等州的山區，都是陸羽《茶經》著錄的著名產茶地，歷吳、南唐而不衰。南唐政府對茶區農民實行博徵，以鹽易民茶，用於對外貿易。閩的茶葉生產基地是武夷山區的建州。南唐與吳越肢解了閩國以後，建州入南唐版圖，成為南唐新的茶葉產地。「五代之季，建屬南唐，諸縣採茶北苑，初造研膏，繼造臘面，既而又製佳者曰京挺。」[31]南唐時，京挺等年產量已達五六萬斤，至宋時上升到三十萬斤。[32]

浙西的湖州顧渚山，出產名茶紫筍。唐、宋兩朝均置貢焙院，吳越時也不例外。天福七年（九四二），錢佐一次就向後晉王朝貢茶二萬五千斤。吳越產茶之多，可見一斑。

楚的茶葉生產，在唐末五代時開始發展，由少到多，後來居上。馬殷從高郁之請，「聽民自採茶賣於北客」㉝，提高了民間種茶的積極性。楚向後梁王朝進貢的茶葉每年達二十五萬斤，茶利所入，歲有百萬錢之多。

前、後蜀也產茶，成都是茶的集散地，與吐蕃、回紇貿易，即包括茶馬交易。

除了上述麻、桑、茶三大經濟作物外，甘蔗、水果、花卉、藥材的生產也很快發展起來。甘蔗產於閩、廣，湖南也有種植的。傳說楚有一個卒長，善於栽種「子母蔗」，「灌蒔有法」，「繁殖蔓衍」迅速，「遂為湖南圃人（園藝人）之冠」。他栽的蔗有三種，名叫臘蔗、荻蔗、赤崑蔗，「一時稱絕盛」。水果有閩、廣之荔枝、龍眼，蘇、杭之橘子、黃柑、枇杷，著名於海內。閩之橄欖，廣之檳榔，楚之羅浮柑，杭之櫻桃，也為當時人所稱道。

南方經濟作物的發展，促進了農業的商品化，增加了農民的收入，有助於農村經濟的發展，對於南方經濟繁榮是有意義的。

五代十國農業生產發展的局限性也十分明顯。首先，分裂割據和混戰，嚴重破壞了農業生產。這一點北方地區尤為突出，前已述及。在南方，也有這個問題。吳和吳越在採取保境安民政策之前，為爭奪蘇、常兩州，各自出動數萬兵力，打打停停，歷時十年左右，使富庶的蘇、常兩州，農業生產受到破壞，「民困已甚」。南唐與吳越後期，不再堅持保境安民政策，趁閩國內訌，出兵瓜分福建，南唐搞得「府庫中耗，民不堪命」。㉞這都影響農業生產的正常發展。其次，五代十國的多數統治者，對農民的賦役很殘酷，輕則使農民的生產品喪失大部，重則完全中止了農民的生產活動。這裡舉兩個例子：（一）吳徐知訓曾為宣州刺史，因聚斂過甚，伶人諷刺他「和地皮掘來（土地神）」㉟入覲。（二）有一年南唐境內多處缺雨，旱區人民大飢，疫、死者多。李璟拿不出救災辦法，反令各州縣修復湮廢陂塘。州縣官吏徵調民丁，「力役暴興」，楚、常兩州，尤為嚴重。奉命督工修陂塘的車延規，徵發江西洪、饒、吉、筠四州人力、耕牛往楚州等地；州縣奸吏乘機強奪民田為屯田，「江淮騷然」，百姓無處可訴，就扛着數丈長毛竹，鑿通竹節，焚香其中，仰天訴冤。㊱至於地主兼併土地的活動，南北方都很猖獗。著名蕪湖圩田，自南唐、後周以來，幾乎被地主豪右侵佔殆盡。凡此種種，都足以影響農業生產的正常發展。

二　手工業生產

五代手工業生產分官手工業和民間手工業兩大類。官手工業除個別部門、地區以外，產量和技術不及唐代；民間手工業則有所發展。

官手工業

五代各王朝均設官手工業機構，其名稱、制度多循唐制，中央官手工業由工部、少府監、將作監掌管，又有作坊使、內作坊使等職。由於五代王朝更迭頻繁，官手工業制度很不健全。五代方鎮勢力強大，節度使亦控制一部分工匠，從事手工業生產。十國的中央政府裡，也有官手工業機構。如吳越「精縑皆製於官」，僅杭州一地，從事織造的錦工，就有三百餘人。㊲閩有百工院，設院使主持，從事續錦織物生產。蜀有錦院，後蜀滅亡時，宋軍「得錦工數百人」[38]，可見其規模不小。

五代時期官手工業，主要有以下幾個生產部門。

紡織業：絲織是紡織業中主要部門。花色繁多的絲織品，有的是中央主管的絲織作坊生產的，有的是節度使所屬絲織作坊生產的。後梁時保義軍節度使朱友謙，一次就進百官衣二百副，[39]說明保義軍有規模不小的絲織作坊，能夠成批地生產官員服飾。

南方小國的官府作坊所生產的絲織品，非常精美，且而數量很大。吳、南唐官府生產的綾羅，素負盛名。吳越官府生產的綾錦，不僅供王宮之需，還大量進貢給中原王朝，從後梁到後周，吳越北貢的綾錦，不可勝數。舉其大者，同光三年（九二五）十月，貢錦綺二千件；開運三年（九四六），貢綾五千匹；乾祐三年（九五〇），貢綾絹二萬八千匹。[40]錢俶向宋太祖、太宗進貢綾羅錦綺二十八萬餘匹，色絹七十九萬

七千餘匹。㊶

前、後蜀官府織錦生產，無論花色、質地、數量都是突出的。前蜀王衍禁止蜀錦出境，只許後唐購買叫做「入草物」的粗劣產品，莊宗藉此發動滅蜀戰爭。前蜀亡，魏王李繼岌將前蜀府庫所藏金銀繒錦裝船沿江東下，準備運到洛陽，但在峽口被高季興攔截了去。李嗣源又以此為藉口，出兵攻荊南。這兩次戰爭都與蜀錦有關，是值得注意的。

楚的絲織業，起步遲，但發展很快，竟然「機杼遂絜於吳越」㊷。楚的絲織業中，應有官府作坊。閩有百工院，所謂「九龍帳」，就是百工院生產的專供王鏻用的精美紗帳。

冶煉業：五代戰爭頻繁，兵器需要由官府控制的監冶提供熟鐵，由專門作坊鍛造。後唐長興二年（九三一）下詔：「諸道監冶，除當年定數鑄辦供軍熟鐵並器物外，只管出生鐵」㊸，生鐵供民戶鑄造之用。五代冶鐵技術上的成就，可以後周滄州鐵獅子為代表。鐵獅子鑄於廣順三年（九五三），身長六米，高五米三，重四十噸。傳説這是為鎮水患而鑄造的。鐵獅子造型氣勢雄偉，背負巨盆，翹首原野，象徵着力量與信心。如此巨大的鑄件，需要許多鐵爐一起操作，體現了後周鑄造工藝的先進水平。

南方各小國官營鐵冶很多，鐵的產量相當可觀。吳有「青山大冶」，是武昌軍節度使秦裴開的，規模不小。㊹

鑄錢業：後唐、後晉、後漢都設監鑄錢。十國中，「江南因唐舊制，饒州置永平監，歲鑄錢；池州永寧監、建州永豐監，並歲鑄錢；杭州置保興監鑄錢」。㊺南唐、楚、閩、後蜀官鑄錢幣中，鉛鐵錢的數量很大。如楚馬殷以湖南多鉛鐵，用高郁策，鑄鉛鐵為錢，促進商品交換㊻；又如後蜀以募兵既多，財用不足，於廣政十八年（九五五）「始鑄鐵錢，榷境內鐵器，以專其利」㊼。

造船業：北方黃河沿岸、東萊海口以及遼東半島，都能製造用於作戰、漕運、航海的各種船舶。魏博節度使羅紹威「嘗以臨淄、海岱罷兵歲久，儲庾山積，唯京師（後梁首都開封）軍民多而食益寡，願於太行伐木，下安陽、淇門，斵船三百艘，置水運自大河入洛口，歲漕百萬石，以給宿衛，太祖（朱溫）深然之」。㊽羅紹威所造的是用於漕運的船隻。後周攻淮南，在汴口大集水師，添造戰船。

五代時南方的造船業比北方發達。武昌、金陵、揚州、潭州、江陵、成都、杭州、福州、泉州、廣州，都有官府造船工場，製造戰艦、航船、海船和游船（龍舟）等。南方造的船隻，容積驚人。唐末荊南成汭的掌書記李珽說過：「今舳艫容介（甲）士千人，載稻倍之，緩急不可動。」㊾能裝載一千名甲士或二千石稻米的船，是相當大了。五代荊南也有這樣的大船。吳越造的海船，可以遠航日本。南漢廣州造的船，可以巡遊海上，掠奪商賈。這些都說明船的製造技術有了進步。

製茶業：茶葉生產情況，上一節已講了。官茶由官置茶焙加工。吳越湖州顧渚山，唐時即設有貢焙院，專製貢茶，五代時應仍其制度。南唐建州設官焙，製作京挺等名茶，專供進貢之用。

陶瓷業：五代製瓷，仍以邢瓷和越瓷兩大種類為主。邢瓷係白瓷，越瓷係青瓷。近在河北臨城崗頭村、祁村、雙井等地發現古邢瓷窯址、燒瓷原料、細白瓷片，其中包括五代時期的古窯址、古窯爐，主要是官窯生產用的。越瓷在五代時更加發展，秘色瓷生產技術大大提高。錢氏除了在越州燒製瓷器外，還在餘姚上林湖、上虞窯前寺等地建立官窯。據考古發掘證明，浙南龍泉窯也是吳越燒製貢瓷的官窯。出土的吳越龍泉窯瓷器，「製作工細，胎骨均勻，底部光潔」，刻有圖案花紋，燒造技術較前期越窯進步。[50]在吳越向中原王朝輸送的貢品中，秘色瓷常和綾錦並列；還將瓷器出口到日本等國。少數民族地區也有瓷器業，其製作技術也是很高的。如渤海國出產的紫瓷盆，「內外通瑩，其色純紫」[51]。在製瓷技術發達基礎上，碧瓦也能生產了。後梁時有用「綠琉璃磚瓦」造塔[52]，估計是官窯產品。

其他官手工業如金銀器、服飾及祭器、禮器、鞍甲等物品生產，都主要是為朝廷和皇室服務的。營造殿宇台閣等土木工程，也是官手工業的一個主要部門。官手工業在社會經濟生活中佔有重要地位。

民間手工業

五代民間手工業的部門、品種、花色繁多，非官手工業可比，舉例說明如下：

絲棉麻織業：民間絲織業廣泛存在於城鄉各地。北方農民普遍養蠶織絹，既為家庭需要而生產，又為交納兩税絲絹而生產。洛陽地區在張全義督課下，農業生產得到迅速恢復，家庭手工絲織業也得到恢復，蠶繭與小麥並列為農家主要產品。「時民間上衣青，婦人皆青絹為之。」[53]青絹即為農家絲織品之一。張全義每年向後梁王朝貢絹三萬匹[54]，就是取之於農家向他交納的租税。山東地區也是絹的產地，曾源源不斷地漕運到洛陽。[55]江淮在吳時，實行兩税徵納穀帛之後，「桑柘滿野」[56]，民間蠶絲生產和絹帛生產普遍發展。楚也實行兩税徵納穀帛以刺激桑蠶生產，使「民不事桑蠶」的湖南，「民間機杼大盛」。[57]吳越農民家庭手工絲織業是發達的，但農婦辛勞所產，多為官府掠奪，僧處默《織婦》詩反映了她們的悲慘遭遇：「蓬鬢蓬門積恨多，夜闌燈下不停梭。成縑猶自陪錢納，未直青樓一曲歌。」[58]以上是五代十國的農民家庭手工絲織業情況。

民間家庭手工麻織業在蜀、吳越、南唐各國都相當普遍。吳越民間還生產葛布。民間家庭手工棉織業以南漢、雲南為著。宋周去非《嶺外代答·吉貝》說：吉貝木，「南人取其茸絮，以鐵筋碾去其子，即以手握茸就紡，不煩緝績，以之為布，最為堅善」。雷州、化州、廉州所織棉布，潔白細密；海南所織棉布，品種很多，有一種「黎飾」，「間以五采，異紋炳然」。雲南所織棉布，白色，名朝霞，織工精細。周去非所述係唐宋間嶺南、雲南棉織業情況，當然也包括五代。

南方城鎮絲織業發達。金陵的染肆牓上多題「天水碧」以廣招徠。染肆多，意味着絲織作坊多。成都除官府錦院外，民間亦有織錦出售者。吳越城鎮絲織品生產更為普遍。南方城鎮絲織品的花色品種繁多，產量大。吳廬州刺史張崇，酷於聚斂，生活奢侈，「從者數千人，出遇雨雪，皆頂蓮花帽、琥珀衫，所費油絹不知紀極，市人號曰雨仙」。[59]數千人披油絹（雨衣），必須有發達的城鎮絲織業才能供應得上。

冶煉業：北方自後唐長興二年（九三一）十二月解除鐵禁以後，民間可以自行鑄造「農器、燒器、動使諸物」[60]，民間的冶煉業得到發展。南方民間鐵製農具和日用鐵器生產很發達。打造銅、銀器是民間手藝人、作坊的專長。江南自唐以來就是「盜鑄」鉛錫鐵錢的淵藪，五代時江南各地私鑄、「盜鑄」現象依然存在。

製鹽業：淮南、兩浙、閩、廣是海鹽產地，民戶業鹽者的數量是相當大的。蜀產井鹽，其中亦有民營者。鹽戶都受封建政府的控制和剝削。

此外，民間陶瓷業的興盛也值得注意。一九七六年宜興澗滘發現瓷窯，出土很多青瓷和窯具，考古學者斷定為生產民用瓷器的民窯；宜興歸徑一帶也發現很多晚唐五代的民窯。[61]越州上虞縣窯前寺的民窯一直很興盛，終吳越之世而不衰。民間製茶業更普遍。楚國的製茶業大都是民營的。民間造紙業在蜀和吳越均頗發達。溫州出產的蠲紙，潔白堅滑，專門供應官府。（官府蠲免民戶賦役，故名蠲紙。）至於民間農產品加工業（如碾米、榨油、製醬、製醋、釀酒、食品）和製造日用品的手工業（如製扇、製傘、靴鞋、編織），是很普遍的。

民間手工業的興旺，不僅滿足城鄉人民生產、生活的需求，也為商品經濟的繁榮提供條件。民間手工業的特點是有較高的商品生產性質。它的發展，使農民和手工業者更多地和市場聯繫起來。

三　商業和對外經濟交流

商業

五代十國的商業，也與農業、手工業的情況相似，南方比北方繁榮；北方在社會比較安定的時期，商業活動也有恢復與發展。

先說北方。後梁與晉連年戰爭，北方商業活動大受限制。後唐王朝建立，合併後梁與晉為一國，比後梁更進一步地統一了黃河流域，北方境內的商品交換，逐漸恢復，但在恢復的道路上存在着障礙。商稅過重就是障礙之一。

據說柴榮做皇帝前，曾與鄴中大商人頡跌氏同往江陵販賣茶貨。柴榮在旅舍中與頡跌氏開玩笑，問：我為天子，足下要何官？答：「某三十年作估來，未有不由京洛者，每見稅官坐而獲利，一日所獲，可以敵商賈數月，私心羨之。若大官為天子，某願得京洛稅院足矣。」[62]北方稅官的一日所獲，相當於商人數月之利，可見北方商稅之重。

再看一個實例。後唐同光三年（九二五），京城以東，水澇為患，糧價大漲，人民多往京西買糧。由於「京西諸道州府，逐道皆有稅錢，遂不通行，乃同閉糴」。這年閏十二月，李存勖下令「不得輒有稅率，及經過水陸關防鎮縣妄有邀難。」[63]這一敕令是否生效，暫且不論；從令文卻可看出，如果不是救災，「稅率」及「妄有邀難」，李存勖是聽之任之的。

後周柴榮有過經商的體驗，即位後對發展商業比較重視。他曾下令，地方官吏，不能制止搶掠商船案件者要嚴懲，這是保護商人安全的措施。他又曾規定，商賈興販牛畜者，諸道州府不得抽過境稅，只許在貨賣時抽千分之二十的稅，這是減輕商人負擔的措施。後周時，北方商業得到發展。

在南北分裂的情況下，南北貿易怎樣進行呢？

後梁與吳為敵，南北貿易主要經過荊南、楚進行。具體路線是洛陽—江陵—潭州—廣州。楚即通過這條路線從事茶葉出口貿易。「（開平二年）秋七月，（馬）殷奏於汴、荊、襄、唐、郢、復州置回圖務，運茶於河南北，賣之以易繒纊、戰馬而歸。」[64]北方商人經此路到廣州販運珍寶。吳越也從此路與北方貿易。後梁貞明二年（九一六），朝議以為「鏐之入貢，利於市易，不宜過以名器假之」。[65]反映了這個事實。

後唐時，南北貿易的主要商路仍是通過荊南、楚。大商人沈甲，在「洛、汴間市得玉帶一，乃奇貨也，回由湘潭」，被馬希聲派人殺死。沈甲也常到廣州，這條玉帶就是代南漢主購置的。[66]沈甲是來往於洛陽、潭州、廣州的商人之一。這條商路上的商人，主要是經營茶、絲貿易。

吳越和吳敵對，而吳有江西全境，吳越與北方的貿易，從九一八年後，從海道北上，至青州登岸，循陸路西至洛陽。在這條航路的沿海線上，吳越置有博易務，經營官方貿易。吳與後唐，本無芥蒂，恢復了淮水南北兩岸的貿易，壽州是沿淮貿易的一個中心。

後晉、後漢時南北貿易斷斷續續，不太正常。後漢酷臣史弘肇「多織羅南北富商殺之，奪其財」。[67]這種行徑，對當時的南北貿易起了破壞作用。乾祐初，後漢因南唐聲援李守貞，沿淮貿易一度中斷。李璟致書劉承祐，「商旅請依舊日通行」[68]，可見在此之前沿淮是通商的。荊南方面，因高從誨與後漢斷絕關係，「北方商旅不至」[69]，在這以前也是通商的。

後周時南北方貿易的條件逐步改善。南唐滅楚時，把後漢派往湖南買茶的三司軍將路昌祚俘回金陵。後周王朝建立，李璟釋放了路昌祚，並「給茗荈萬八千斤」。[70]沿淮貿易正常化後，淮南饑，民赴淮北糴糧者相繼。淮南將領「每自淮上通商，以市中國羊馬」。[71]柴榮為了攻打淮南，令大將周景疏浚汴口。周景預料「汴口既浚，舟楫無壅，將有淮浙巨商，貿糧斛賈，萬貨臨汴」。[72]於是建議在汴口修建相應設施。後周得淮南後，又疏浚汴河、蔡河，溝通淮北水系，為恢復運河南北通航奠定了基礎。

五代各王朝與契丹、夏州也有貿易活動。柴榮在處理府州節度使折德扆和夏州節度使李彝興矛盾時，就指出：「夏州唯產羊馬，貿易百貨，悉仰中國（中原）。」他和平解決了雙方衝突，促進西北邊境貿易。

在分裂割據的歷史條件下，北方境內的商業，南北方之間的貿易，都有其局限性。幽州劉仁恭，只許人民使用泥錢，又禁止江南茶商入境；吳與後梁對立，商路不通，運河淤塞；荊南與後唐、後漢王朝發生摩擦，南北商旅阻扼。凡此種種，都說明國家的分裂，是不利於商業興旺發達的。

五代各王朝對鹽、茶、麯、酒、鐵、銅等物資的生產和銷售，實行嚴厲控制。以鹽來說：後唐官制官賣，對城市居民，按屋稅派給，稱為屋稅鹽。對鄉村居民，按戶口派給，稱為蠶鹽。又別有所謂食鹽，也是按戶口派給，說是專供食用。後晉石敬瑭時，「開鹽禁，許通商，令州郡配徵人戶食鹽錢，上戶千文，下戶二百，分為五等」。到石重貴時，「鹽禁如故，鹽錢亦徵」，更加重了人民的負擔。後漢「鹽、鐵之禁甚峻」，全面禁止鹽的私產、私販，違者「不計斤兩多少，並處極刑。」李守貞叛亂於河中，傳檄四方，斥責後漢之「不道」，就說「鹹鹺不通，從銖兩者遭刑；農器不行，務耕耘者束手。」⑬後周時詔改鹽法，有所減輕。總之，五代各王朝用極殘酷的刑罰來保障鹽利的收入。茶、麯、酒、鐵、銅等物資之禁也嚴，或偶有開禁，不久又嚴禁。這樣就嚴重妨礙了基本生活資料、生產資料的交易。更可惡的是一些統治者任意殺商人，掠商貨。商業的發達，要有一個政治較開明、吏治較好的社會環境，這是亂世所不具備的。

南方的商業情況比北方好。南方有比較發達的農業、手工業，水路交通方便，加上一些統治者重視通商致富，這都是商業繁榮的條件。

在金陵，有很多「豪民富商」。他們交通內官，勢傾朝野。南唐被滅，金陵的「豪民富商」被吳越兵燒死者甚眾。[74]

杭州是商業都會，「舟楫輻輳，望之不見其首尾」，號稱一水之利。[75]羅隱《羅城記》說：「（杭州）東眄巨浸，輳閩粵之舟楫；北倚郭邑，通商旅之寶貨。」歐陽修《有美堂記》中描寫吳越以來杭州之繁盛，寫道：「邑屋華麗，蓋十餘萬家，環以湖山，左右映帶。而閩商海賈，風帆浪舶，出入於江濤浩渺、煙雲杳靄之間，可謂盛矣。」

福州是外國商人涉足之所，商業相當繁榮。王審知曾採取減輕商稅等措施，改變了過去商旅「壅滯」、工賈「殫（dān）貧」的情況，交易繁榮，商人絡繹而至，「填郊溢郭，擊轂（gǔ，車輪承軸部分）摩肩」。

江陵是四通八達之地，為南北貿易之樞紐。高季興、高從誨父子專靠敲榨來往商旅過日子。

岳州為「五嶺、三湘水陸會合之地，委輸商賈，靡不由斯」。[76]雖然屢遭兵燹，但又迅速恢復。潭州是中南地區的商業都會之一，「四方商旅輻輳」。馬殷鑄造粗重的鉛鐵錢，「商旅出境，無所用之，皆易他貨而去，故能以境內所餘之物易天下百貨，國以富饒」。[77]各路商賈多從潭州出發，由水路北返。從潭州還可溯湘江西通桂管，東通江西，廣西、江西商人來經商的也不少。

廣州是北來商人搜購珍寶的集中地。南漢統治者劉龑，「性好誇大，嶺北商賈至南海者，多召之，使升宮殿，示以珠玉之富」。⑱說明北來商賈是很多的。外國商人到廣州貿易者也較多。

成都是前、後蜀的政治經濟中心。《五國故事》記成都三月蠶市時，「貨易畢集，闤闠填委，蜀人稱其繁盛」。此外還有米市、炭市、酒市等等，是成都平原的物資集散地。皇室貴族也經商，如前蜀主王衍即在成都等通都大邑起邸店，牟取商業利潤。

在城郊和交通要道還有許多草市。草市在唐後期開始出現於江淮地區。五代時，黃河沿岸、川東都有草市，江南各地的草市更多。有一些草市向市鎮發展。如湖州顧渚山下水口草市，至北宋就是一個市鎮。湖州的這類市鎮，在北宋景德元年（一〇〇四）還存十六個，它們是：施渚、大錢、東林、烏墩、東遷、市山、巡莫、安吉、長興、德清、武康、新市、四安、梅溪、水口、合溪。[79]據說舊有二十四個。這時上距吳越歸宋（九七八）僅二十餘年。市鎮已不是唐末駐守軍將的鎮戍了，草市和市鎮是縣以下的商品交換中心。它們的發展，標誌着南方商品經濟已滲透到農村。

南方各國之間也有商業活動。吳和楚常以兵戎相見，但楊行密還是派部將馬賨（馬殷之弟）回湖南說項，要求兩國和好，「通商賈，易有無以相資」。[80]只是兩國在邊界問題上有爭執，未能達成協議。吳與吳越打了十幾年仗，但雙方貿易仍然時斷時續地進行着。同光三年（九二五），錢鏐被封為吳越國王，國名有「吳」字，吳拒絕錢鏐使節帶來的國書，並下令邊境不得讓吳越使者與商旅通過，可見在此之前有商人來往。吳和蜀也有商業往來。南漢與南唐有貿易關係，劉鋹每年賣馬給南唐，北宋攻取嶺南，「市易遂罷」。[81]南漢還「西通黔蜀」，北通楚國。閩和南漢、南唐也有貿易關係。

南方商業的發展，也有其局限性，主要問題與北方相似，只是程度不同而已。

五代的貨幣制度比較混亂。銅礦開採減少，鑄錢量不多，不能充分供應市場上流通，影響到商業的發展。後唐曾下令：嚴禁銷錢鑄造銅器，富室不得分外收貯現錢，不准商人運錢出境。因為北方缺錢，南方錫徽小錢被綱商挾帶到北方，後唐又規定對此嚴加檢查，企圖堵截鉛鐵錢之類惡錢流入。但這都是消極措施，無法扭轉錢幣不足、市場通貨混亂的局面。

南方一些小國的統治者對鑄鉛鐵錢躍躍欲試。吳越王錢佐曾與臣僚討論鑄鐵錢「以益將士祿賜」，弟錢億諫阻，詳細分析鑄鐵錢有八害，其一是「新錢既行，舊錢皆流入鄰國」。[82]他已發現惡幣驅逐良幣的規律。南唐李煜採納韓熙載的建議，鑄鐵錢行用，每十錢中六鐵錢、四銅錢。「既而不用銅錢，民間但以鐵錢貿易，物價增湧，民復盜鑄，頗多芒刺，不及官場圓淨，雖重其法，犯者益眾。至末年，銅錢一當鐵錢十。」[83]建議鑄鐵錢的韓熙載「頗亦自悔」。[84]

對外經濟交流

五代十國的對外經濟交流，雖然通過貢賜和貿易，斷斷續續地和許多國家發生聯繫，但總的說來規模是不大的。以中原各王朝來說，和高麗、新羅、占城等國有過來往，如：後唐天成四年（九二九）八月，高麗使者來洛陽，帶來金銀器、白氎、白紵、人葠（人參）、剪刀、鉗鏺等物。後周顯德五年（九五八），派水部員外郎韓彥卿等出使高麗，「資帛數千匹，就彼市銅，以備鑄錢之用」。同年，占城國王因德漫遣使來貢方物，內有薔薇水十五瓶，猛火油八十四瓶。使者回占城時，後周賜以金帛，還賜給占城國王金銀器一千兩，繒彩一千匹以及其他物品。[85]

南方吳越、閩、南漢的海上貿易，比較發達，有東、西兩條航路。向西可遠至大食，據說吳越的猛火油，就「得之海南大食國，以鐵筒發之，水沃，其焰彌盛」。[86]向東可通往朝鮮、日本。錢鏐曾遣使從海道到新羅、高麗、百濟（今朝鮮半島），從事經濟、文化交流。據說吳越末期有高麗海舶到杭州，舶主王大世有一件寶物，錢俶出價黃金五百兩，他還不賣。這個舶主是大海商。吳越和日本的貿易、文化交往頻繁。據日本的《日本紀略》《本朝文粹》《扶桑略記》《本朝世紀》等典籍記載，吳越和日本從公元九〇九年至九五九年間，雙方商人、使臣、僧人來往多達十五次。如九一九年，中國商人鮑置求到日本，和日本官方貿易；九四五年，吳越商人蔣袞、俞仁秀、張文過等百人航海到日本肥前松浦郡柏島。[87]到日本的商人還曾替錢佐求寫天台智者教的經卷。從吳越出口到日本的物品有絲織品、瓷器，日本向吳越出口的則有欏木、布、銅器。有一個故事說，錢俶妃孫氏，曾把一件寶物施捨給龍興寺，這件寶物「形如朽木箸（zhù，筷子）」，寺僧不識貨，後來給一個波斯商人看見，他說這是日本的「龍蕋（ruǐ，即蕊）簪」，出價一萬二千緡。可見日本出口到吳越的物品，花樣是很多的。

閩的海上交通，在唐時即有所發展，外商不少。唐王朝以王潮為威武軍節度使的任命書上，稱閩為「島夷斯雜」之地。王審知任威武軍節度使後，曾有三佛齊使者蒲粟到閩。史稱王審知能「招來海中蠻夷商賈」，這些外商可能包括阿拉伯、波斯、日本、新羅和南亞、東南亞諸國。王昶、王曦時，新羅使者先後至閩，送來寶劍。閩歷年向中原王朝進貢的玳瑁、琉璃、犀象器、珍玩、香藥，多來自外商。

閩的海上交通中心，先在福州（州治今福建福州市）。該地離造船中心溫麻不遠，順閩江八十華里至海口。但福州和海口之間的航道艱險，外國船舶進出口不便。《福建通志》引明人謝賁的《疏略》說「伏見福建依山濱海，海門潮汐由閩安鎮歷閩縣鼓山、歸善、崇賢、高惠四十里，計有三十六灣，周流瀠洄」才能抵達南台；「入貢蕃船候風潮撐駕，曲折數日，然後可以至驛，縱有他變，不能飛渡」。五代時期，福州至中原的陸路交通也是不便的，要從福州經建州，越武夷山，轉信州、婺州，順富春江東下，出浙西至揚州，然後北上中原。

王審知治閩時，開築了甘棠港。《新五代史》說：「海上黃崎，波濤為阻，一夕風雨雷電震擊，開以為港。」這是一個神話，但它記述了王審知另於黃崎地方開闢海上貿易港口這樣一個事實。這是為了改變福州作為海上交通中心而又極為不便的狀況。黃崎的甘棠港在連江縣舊溫麻造船中心附近，背靠黃崎山，面向東海，有陸路與福州相接，無論是造船能力或船隻靠泊，都比福州方便。但甘棠港地處海隅，比較偏遠，宋以來屢遭海寇襲擊，一直沒有能發展成為著名的對外貿易港口。而另一個新興港口泉州，卻迅速崛起，成為閩的海上交通中心。

泉州（今福建泉州市）地處晉江下游，離海口很近。唐時就有蕃客往來。五代時，王審知以其弟審邽之子王延彬治泉州，三十年間，吏民便之，海上貿易興盛，「每發蠻舶，無失墜者，人因謂之招寶侍郎」。[88]泉州地區的經濟有相當發展。王延彬在和尚浩源的策劃下，密秘派人由海道向後梁王朝進貢，企圖謀求自立。事發，王審知殺了王延彬和浩源。但泉州幾十年的安定，為對外貿易的進一步發展創造了條件。王審邽、王延彬父子治泉的政績是應該肯定的。

其後，泉州在留從效統治下，經濟又有所發展。留從效係泉州桃林人，原是州將。朱文進亂後，他和軍校王忠順、董思安殺了屬於朱文進一黨的泉州刺史黃紹順。不久，南唐克建州，留從效投靠南唐，李璟命他為清源軍節度使，治泉州。留從效起於卒伍，在混亂的年代裡能「知人疾苦，勤儉養民」，「部內清治，民吏愛之」。他重新修築泉州城，繞城植刺桐，因而泉州又有刺桐城之稱。宋人呂造有「閩海雲霞繞刺桐」的詩句。他重視對外貿易，「陶瓷銅鐵，遠販番國，取金貝而還，民甚稱便」。

唐五代的廣州，私人海上貿易與官方朝貢、貿易都非常活躍。從官方朝貢、貿易活動來說，阿拉伯、波斯灣、南亞及南海諸國的使者由海道至廣州者絡繹不絕，《冊府元龜》「外臣部」的「朝貢」內有詳細記載。在入貢國家中，以林邑、真臘及南海諸小國最為頻繁。在入貢過程中，官方之間通過貢賜，進行貿易。劉隱時，佛哲國、訶陵國、羅越國使臣來廣州，貢香藥。劉隱將香藥進貢於朝廷。

劉氏統治嶺南時期，各國商人和國內商人紛至沓來，但劉氏政權對商人們採取敲榨勒索的行徑。不僅如此，劉氏還經常搶劫海上商人，如劉晟於乾和九年（九五一）派巨艦指揮使暨彥贇（yūn）率兵入海，搶掠商人金帛，建造宮殿。這種搶劫行為，造成了廣州海上貿易的下降，這大概是促使海上貿易中心轉移到泉州的一個因素吧。

注釋：

① 《舊唐書》卷二〇〇下，秦宗權傳。

② 《舊唐書》卷一八二，時溥傳、朱瑄傳。

③ 《新五代史》卷六，唐明宗紀論。

④《資治通鑑》卷二八一。

⑤《資治通鑑》卷二八三。

⑥《資治通鑑》卷二八四。

⑦《舊五代史》卷一一二，周太祖紀。

⑧《舊五代史》卷一三四，楊行密傳。

⑨曾敏行：《獨醒雜志》卷一。

⑩《資治通鑑》卷二七〇。

⑪《資治通鑑》卷二六七。

⑫吳與後梁敵對，沿用唐王朝哀帝天祐年號，天祐十三年即後梁貞明二年（九一六）。

⑬《文獻通考》卷三，田賦。

⑭《容齋續筆》卷十六。

⑮《資治通鑑》卷二七〇。

⑯《資治通鑑》卷二八二。

⑰《宣和書譜》卷十九，錢鏐。

⑱《舊五代史》卷一三四，王審知傳。

⑲《武肅王築塘疏》。

⑳《資治通鑑》卷二六七。

㉑顧炎武：《天下郡國利病書》卷十五引。

㉒《十國春秋》卷九〇，閩太祖世家。

㉓《古今圖書集成·職方典》卷一〇五二，泉州府部外編。

㉔《古今圖書集成·職方典》卷一〇三二，福建總部紀事。

㉕《十國春秋》卷四〇，張琳傳。

㉖《文物考古工作三十年》，三二二頁。

㉗《范文正公政府奏議》卷上《答手詔條陳十事》。

㉘《十國春秋》卷四二，王先成傳。

㉙《續資治通鑑長編》卷六。

㉚《全唐文》卷八九八，謝鶚：《朱府君墓誌銘》。

㉛《茶董補》卷上引《負暄雜錄》。

㉜《能改齋漫錄》卷九，地理。

㉝《資治通鑑》卷二六六。

㉞馬令：《南唐書》卷二一，嗣主書。

㉟《江南餘載》卷上。

㊱陸游：《南唐書》卷二，元宗本紀。

㊲《吳越備史》卷一。

㊳《續資治通鑑長編》卷八。

㊴《冊府元龜》卷一九七。

㊵《十國春秋》卷七八、八〇、八一。

㊶《楓窗小牘》卷上。

㊷《十國春秋》卷七二，高郁傳。

㊸《五代會要》卷二六，鐵。

㊹《九國志》卷一，秦裴。

㊺《舊五代史》卷一四六，食貨志。

㊻《資治通鑑》卷二七四。

㊼《十國春秋》卷四九，後蜀後主本紀。

㊽《舊五代史》卷十四，羅紹威傳。

㊾《舊五代史》卷二四，李珽傳。

㊿《文物》一九六三年第一期：《浙江省龍泉青瓷窯址調查發掘的主要收穫》。

51《杜陽雜編》卷下。

52《全唐文》卷八二九，薛昌序：《重修法門寺塔廟記》。

53《洛陽搢紳舊聞記》卷二。

54《舊五代史》卷三，梁太祖紀。

55《資治通鑑》卷二七四。

56《資治通鑑》卷二七〇。

57《資治通鑑》卷二七四。

58《全五代詩》卷七四。
59《十國春秋》卷一一五，拾遺。
60《五代會要》卷二六，鐵。
61《文物考古工作三十年》，二〇九頁。
62《五代史補》；《舊五代史》卷一一九，周世宗紀。
63《五代會要》卷二七，閉糴。
64《資治通鑑》卷二六六。
65《資治通鑑》卷二六九。
66《十國春秋》卷一一六，備考。
67《舊五代史》卷一二四，唐景思傳。
68《舊五代史》卷一〇一，漢隱帝紀。

(69)《資治通鑑》卷二八八。

(70)《舊五代史》卷一一二，周太祖紀。

(71)《五國故事》上。

(72)《玉壺清話》卷三。

(73)以上見《冊府元龜》卷四九四。

(74)馬令：《南唐書》卷五，後主書。

(75)《五代史補》卷五。

(76)《舊五代史》卷四，梁太祖紀。

(77)《資治通鑑》卷二七四。

(78)《新五代史》卷六五，南漢世家。

(79)嘉泰《吳興志》卷十。

⑧⓪《新五代史》卷六六，楚世家。
⑧①曾敏行：《獨醒雜志》卷一。
⑧②《資治通鑑》卷二八五。
⑧③馬令：《南唐書》卷五，後主書。
⑧④馬令：《南唐書》卷十三，韓熙載傳。
⑧⑤以上見《五代會要》卷三〇。
⑧⑥《吳越備史》卷二一。
⑧⑦木宮泰彥：《中日交通史》上卷，第十章。
⑧⑧《五國故事》下。

第四章　五代十國各民族的經濟政治文化交往

一　契丹和漢族的交往

五代之際，「契丹最盛」。契丹的強盛，一方面由於契丹人民的頑強鬥爭；另一方面則和漢族先進的政治、經濟、文化影響分不開。在這個過程中凝聚着中華民族內部各族團結互助的深厚感情。

契丹的強盛開始於阿保機之時。在阿保機統治之前，契丹那些暴虐的酋長（舊貴族），以愚昧的民族偏見，殺戮逃附契丹或被掠到契丹的漢族士人、官吏和軍民。這些契丹舊貴族饒有財畜，以劫掠異族人民為能，習慣於以主要是奴隸制的方式奴役本族和其他各族人民。公元九〇七年，阿保機當了可汗，進行改革而契丹舊貴族竭力反對，甚至發動武裝叛亂。阿保機用武力粉碎了舊貴族的挑戰，在他的弟弟剌葛、迭剌、寅底石、安端的反叛事件中，有三百餘舊貴族被罪。阿保機之所以成為代表進步貴族利益的領袖，是因為他在多次南征中熟悉漢族地區的物產人情，對漢族的先進生產技術和文化有較多了解。他本人會講漢話，他的長子和次子都曉漢文，工書法。他在做可汗前就利用俘虜的漢人與女真人，修築龍化州州城（在今遼寧西拉木倫河之南）；做了可汗以後，又在炭山（在今灤河上游）北築羊城，作為邊境貿易站，同時建銀冶、鐵冶。阿保機重視漢族的政治經驗。他重用韓延徽就是一個例子。韓延徽，幽州安次人，為劉仁恭、劉守光幕僚。奉劉守光命去契丹。阿保機以其不屈，把他放逐到草原上牧馬。述律後勸阿保機說：「延徽能守節不屈，是當今賢明之士，怎能用放牧來侮辱他呢，還是以禮相待比較合適吧！」從此，韓延徽做了阿保機的謀主。韓延徽不僅參與策劃攻克党項、室韋諸部，而且協助阿保機建牙開府，築郭，立市里，安置逃入契丹的漢族農民、手工業者和士兵，還讓這些士兵農民娶妻安家，開墾荒田。

阿保機又在天顯年間征服了渤海國。這是一個擁有廣闊農田，農業和工商業比較繁榮的國家。契丹併吞了它，增加了本身的經濟力量，並在軍事上取得了防止女真族南下的據點。

在耶律德光統治時期，後晉向契丹大規模割土。耶律德光親率強悍的契丹騎兵，長驅直入中原，鐵騎到處，一片殘破。這個時期雖然勞動人民之間有經濟往來，但契丹貴族對漢族人民的壓迫是主要的。這種殘暴的民族壓迫與戰爭，使包括契丹在內的各族人民備受苦難，正如《資治通鑑》所說：「契丹連歲入寇，中國（指中原王朝）疲於奔命，邊民塗地；契丹人畜亦多死，國人厭苦之。」

耶律德光死後，契丹和漢族地區的經濟、文化往來又恢復並發展起來。《遼史》卷三十七《地理志》說：契丹自有燕雲十六州之後，「東朝高麗，西臣夏國，南子石晉，而兄弟趙宋，吳越、南唐，航海輸貢，嘻其盛矣」。

契丹為了緩和與中原王朝的關係，後漢時曾歸還掠走的漢民。韓延徽子韓德樞任遼興軍節度使，對於境內的漢人，也緩和剝削。在燕雲十六州，契丹統治者按土地計畝收租稅，而不像其本部那樣，按照物力、戶等徵收賦役。這表明契丹不強行改變燕雲地區的經濟制度，而承認其特殊性。

耶律德光死後，繼立者兀欲（遼世宗），荒於酒色，國人不附，諸部叛亂數起，因此無力南侵後周。反之，後周國勢蒸蒸日上。郭威時契丹統治下的瀛、莫、幽（今河北河間、任丘，北京）等州數十萬流民，歸附後周。柴榮時，制定逃戶莊田法，對於因契丹入侵而被俘虜的北邊各州百姓，只要在法令公佈後五年內返回，不以土地荒熟，並莊園三分中歸還二分。十年內返回者，歸還一半。十五年內返回者，歸還三分之一。這一規定，比一般逃戶莊田處理原則寬大得多，從而鼓勵漢人返回家鄉就業。

上面簡述契丹與中原王朝的關係，下面談談契丹與南方諸國的往來。

從後梁貞明元年即吳越天寶八年（九一五）至後周顯德六年即遼應曆九年（九五九）四十四年中，史書上不斷記載着契丹與南方諸國通聘的事實。契丹與吳越、吳和南唐往來較多，與閩、荊南、楚也有過聯繫。通聘是為了貿易。南方諸國輸出物品有絹、羅、紈、綺、繒、綵、茶、藥、菊花酒、瓷器、犀角、珊瑚、珠、貝、寶器、珍玩、儀物、猛火油、兵鎧等；契丹輸出物品有羊、馬、橐駝、狐白裘、皮毛、青氈帳等。南方諸國生產技術比契丹進步，故輸出手工業品較多，這是適合契丹人民生活需要的，至於一些奢侈品，是契丹貴族享用的。契丹輸出物品的種類雖較少，卻是南方諸國所需要的，如戰馬就是每個小國所不可缺少的。由契丹陸行南下的路線，一般是：「由滄、齊、淮甸路南去」①；由南方航海北上的路線，一般是：登契丹海岸以後，經醫巫閭山、鎮東關而達幽州。②儘管交通困難，雙方往來不絕，可見確有交換物資的需要。

在漢族的影響下，契丹經濟、政治、文化各方面都取得了進步。

契丹的農業，可追述到勻德實時代。《遼史．食貨志》說：「皇祖勻德實為大迭烈府夷離堇（指契丹迭剌部的統軍馬大官），喜稼穡，善畜牧，相地利以教民耕。仲父述瀾為于越（高貴的大官，位在北大王、南大王之上），飭國人樹桑麻，習組織。」這時的農業，在契丹經濟中，尚不佔主要地位。

耶律阿保機掌握了契丹統治權後，「弭兵輕賦，專意於農」。其措施之一是吸收漢族農業生產技術和經驗。他對從幽州逃入境內的百姓，加以撫納；還乘機攻掠河北沿邊州縣，俘獲漢族百姓。神冊六年（九二一），契丹在檀、順、安遠、三河、良鄉、望都、潞、滿城、遂城等地俘掠大量農民，遷至契丹境內。把這些漢族百姓安置灤河上游及其他地區，從事農業生產。在利用漢族勞動力發展農業生產中，韓延徽起了重要作用。漢族勞動人民有豐富的農業生產經驗，他們通過各種形式，將河北、中原的農作物，在北方高寒地帶栽種，培育出一批適應北方土質、氣候的新品種。通過漢族勞動人民的辛勤勞動，契丹的農業經濟得到迅速發展，從基本上是單一的牧業經濟過渡到農牧業結合的經濟。

耶律德光統治時期，繼續利用漢族勞動人民來發展農業。平州漢族人民遇到饑饉時疫，韓德樞（韓延徽之子）奉耶律德光之命，前往撫恤，「勸農桑，興教化，期月民獲蘇息」③，得以繼續進行農業生產。耶律德光從石敬瑭手裡取得燕雲十六州以後，農業生產在契丹的整個社會經濟中的地位大大提高。耶律德光「詔有司教民播種紡績」④，推廣農業手工業生產技術。

阿保機、耶律德光還利用具有農業生產經驗的渤海勞動人民去開發梁水流域的廣大地區。

契丹的手工業，以鹽、鐵、銀、造船、紡織、營造等部門較為發達。鹽的生產，得力於漢族勞動人民和漢族地區的鹽池。阿保機時，「以所得漢民數多」，將他們安置在炭山以南，這裡有鹽池之利，契丹八部的食鹽供應問題得到了解決。阿保機征幽、薊時，發現鶴剌濼中有豐富的鹽，命屬下取濼中鹽供應軍隊，「自後濼中鹽益多，上下足用」。耶律德光在佔領燕雲十六州後，又得河間鹽利，在香河縣置榷鹽院，燕雲以北，「暫食滄鹽」。⑤

契丹的鐵、銀生產，也得力於漢族和其他兄弟民族的資源和技術。阿保機征幽、薊，「師還，次山麓，得銀、鐵礦，命置冶」。⑥契丹的鐵、銀生產，還和室韋、渤海有很大關係。契丹併室韋，不僅取得了室韋銅、鐵、金、銀礦，還得到「善作銅、鐵器」⑦的室韋工匠。平渤海，又得到渤海的鐵利府，該地盛產鐵。這說明契丹鐵、銀、銅的開採和冶煉，有相當久的歷史；鐵、銀、銅生產的發展，又依靠了漢族和室韋、渤海的冶煉技術。

造船業也是在契丹和中原、江南的政治、經濟交往中發展起來的。契丹與南方諸國有海上往來，海船製造得到相應的發展。契丹境內的潢水（今西拉木倫河）、灤水，當時還沒有甚麼航運，因而內河航船的製造業不發達。契丹海船能裝運大批活牛羊到江南，載重量可能很大。契丹人皇王耶律倍與太宗耶律德光有矛盾，怕被害，坐海船逃到後唐。他坐的「船殿」⑧，大概是一種大戰船。

契丹的絲織品，主要是通過市易方式，從河北諸州、縣取得的。其後把從河北俘掠來的織工，安置生產，絲織業才有所發展。如：耶律德光滅後晉，把開封官手工業工匠俘虜送上京臨潢府，擴大了設在該地的綾錦諸作，專門生產宮廷、貴族所需的絲織品；兀欲時，又俘掠定州戶口，安置在宜州的弘政縣，使該縣成為「民工織紝，多技巧」[9]的絲織中心。至於南京析津府（原幽州，今北京市）的絲織業，素稱發達，併入契丹後，成為契丹境內最大的絲織業中心。

此外，瓷器業也是在漢族工匠被俘到契丹後才發展起來的。天贊初，蕭阿古只和王郁掠地燕、趙，攻克磁窯鎮。該鎮是唐五代白瓷（邢瓷）的生產地之一，契丹在這次戰役所俘掠的人戶中，估計有官私窯工。至於青瓷器皿，是從吳越輸入的。

在政治、文化方面，契丹也受漢族的影響。阿保機時，政治上採取「因俗而治」方針。對契丹本部地區，循舊例；對所佔領的漢族人民聚居地區，行漢制，即所謂「以國制治契丹，以漢制待漢人」。天顯十一年（九三六）耶律德光佔領幽薊十六州，照搬當地制度。漢制稱為南面官制，大抵沿襲唐制，中央有三省、六部、台、院、寺、監、諸衛、東宮之官，地方有節度使、觀察使及刺史、縣令。契丹舊制稱為北面官制。北面官制在變化，主要表現為北面官的職掌，向相應的南面官靠攏。如北樞密主兵部事，南樞密主吏部事，北南二王主戶部事，夷離畢主刑部事，宣徽主工部事，敵烈麻都主禮部事，惕隱主宗族事（相當於宗正卿），林牙主文告（相當於翰林學士、翰林待詔），「于越坐而論議以象公師」等等。

法律方面，阿保機初年，「庶事草創，犯罪者量輕重決之」。[10]後治諸弟逆黨，曾「權宜立法」。[11]至神冊六年（九二一）詔定法律，漢人犯罪「則斷以律令」[12]，即遵唐律；契丹及「諸夷」，另行蕃律。這種蕃漢分斷制度，體現了「因俗而治」的精神。

禮儀方面，契丹原有本民族的一套制度，郊禘、宴饗、喪葬、婚冠悉備。阿保機與中原王朝接觸增多，感到原來的禮儀制度不適應形勢，命總知漢兒司事韓知古別訂新儀法，參雜「漢儀」，吸取封建禮儀的若干內容。耶律德光滅後晉，「稍用漢禮」⑬，也就是封建的禮儀進一步為契丹統治者所用。

從阿保機開始，注意崇奉孔子和儒學。有一次，阿保機對侍臣說：「受命之君，當事天敬神。有大功德者，朕欲祀之，何先？」當時侍臣們都說應先祀佛。阿保機說：「佛非中國教。」皇太子耶律倍說：「孔子大聖，萬世所尊，宜先。」阿保機聞之大悅，即建孔廟，命皇太子春秋奠祭。契丹的崇孔活動比較普遍，推動了儒家文化的傳播。

漢族的圖書，通過使臣傳遞和虜掠，大量流入契丹。契丹君臣習漢文者日增，他們能讀中國歷代經籍史書。漢族封建文化促進契丹逐步封建化。曆法也傳入契丹。遼曆是在吸收唐景福《崇玄曆》、後晉《調元曆》的長處的基礎上編成的。

以上，主要是從契丹受漢族封建經濟、政治、文化影響的角度上講的。在雙方交往中，契丹的經濟、文化，也對漢族的社會發生影響。如：契丹羊馬和土產運到中原、江南，就豐富了漢族的經濟生活。

二　河西、于闐和內地的交往

漢、唐兩代中西交通的必經之路——河西走廊，是一條狹長的、險要的通道，從長安出發的絲綢之路，從這裡通向遙遠的中亞、大食（阿拉伯）。

河西走廊的東端，是海拔三千多米的烏鞘嶺。越過烏鞘嶺向西行，只見隨處有水草豐美的沃土和桑麻翳（yì）野的良疇，一派塞外江南風光。在石羊河的上游，是河西走廊的政治中心涼州。涼州是河西節度使駐地，它的繁榮與中外經濟、文化交流分不開。絡繹不斷的西域僧人、商人，經過這裡去長安；前呼後擁的唐王朝使節、官員，從這裡出發到西域和中亞；還有輪番戍守西域的士兵，從這裡中轉。涼州，它在唐代使節、商人、僧人和詩人的腦海裡，是多麼熟悉的邊塞城市！

從涼州向西，南面是崇山峻嶺，延綿千里，這是名聞中外的祁連山。在走廊的北面，自東向西，排列着焉支山、龍首山、馬鬃山，像一道長城，抵擋着山外一望無際的沙漠。在涼州西邊，甘州是較大的城市。甘州即今天的張掖，它坐落在祁連山南，黑河之濱，從這裡可以眺望終年白雪皚皚的祁連山顛，聽到龍首山口吹來的沙漠朔風的呼嘯聲。甘州以西是肅州，即今天的酒泉。過了肅州就是河西走廊西端的敦煌。

河西與內地的關係，簡述如下：唐建中年間，吐蕃完成了對河西的佔領，中西交通因此受阻。大中二年（八四八）沙州人張義潮領導沙州起義，河西重新歸於漢族地主政權的統治。張義潮以歸義軍節度使身份治理河西二十五年之久。他死後，歸義軍內部爭權鬥爭激化，一直到唐末光化三年（九〇〇）張承奉（張義潮孫子）開始統治為止。

張承奉於唐天祐二年（九〇五）自號「金山白衣天子」，這就是敦煌石室文書中所記的「西漢金山國」或「西漢敦煌國」。⑭金山國的局勢是很不穩定的，因為回鶻控制着河西走廊。

回鶻是怎樣來到河西的呢？回鶻又稱回紇，當安史之亂時，幫助唐朝平叛有功，從此橫行不法，為唐朝之患。唐武宗會昌初，回鶻被黠戛斯所攻，移居天德軍和振武軍之間（即今內蒙古烏拉特前旗北五加河東岸與和林格爾西北之間）；後再西遷，歸附吐蕃。當時吐蕃統治着河西走廊，就把回鶻安置在甘州。其後吐蕃大亂，沙州張義潮歸唐，甘州回鶻也歸唐。回鶻常常通好中原王朝，尊稱中原王朝皇帝為舅。後梁乾化元年（九一一），回鶻首領派遣都督周易言等入貢，朱溫在朝元殿接見，任命周易言為右監門衛大將軍同正，其他隨員也分別授予官職。後梁以左監門衛將軍楊沼充任押領回鶻還蕃使，通事舍人仇玄為判官，厚贈回鶻繒帛（zēng bó，絲織品總稱）。回鶻與後梁王朝的關係是友好的。在這種條件下，張承奉控制下的瓜、沙二州，有可能通過回鶻與後梁王朝聯繫起來。

從唐天祐三年到後梁乾化元年（九〇六—九一一），西漢金山國與回鶻時和時戰，西漢金山國曾數拒回鶻。乾化元年回鶻可汗派其弟狄銀率兵，進逼沙州，張承奉力屈而降，西漢金山國淪為回鶻的屬國，承奉尊回鶻可汗為父。⑮

後梁乾化四年（九一四），張承奉死。承奉無子，沙州人推戴長史曹議金為帥，主持軍政。曹議金統治瓜、沙地區之後，接受了張承奉割據立國失敗的教訓，以祖國統一為重，加強了與中原王朝的聯繫。敦煌石室文書斯四二七六號「歸義軍百姓一萬人上表」，就是瓜沙三軍百姓向後唐王朝請求授予曹議金旌節（指節度使）的奏表。後唐同光時，曹議金以沙州留後身份，派使者隨回鶻使者來洛陽朝貢。莊宗於同光二年（九二四）五月以曹議金為歸義軍節度使、沙州刺史、檢校司空。

曹議金卒於後唐末年。子曹元德繼任。元德在位時間大約從九三六年到九四〇年（後唐清泰三年、後晉天福元年到五年）。元德死後，弟元深繼任，後晉出帝石重貴授元深檢校太傅、沙州歸義軍節度使的頭銜。元深卒於開運二年（九四五）三月，弟元忠繼任，後周世宗柴榮授元忠同中書門下平章事，顯德五年（九五八）元忠自稱「敦煌王」。他在位三十年，是曹氏政權的鼎盛時期。

曹氏政權為發展河西敦煌地區經濟，加強中西經濟、文化交流，作出了較大貢獻。據敦煌石室後晉天福十年（應為開運二年，即九四五年）寫本《壽昌縣地境》記載，沙州的敦煌、壽昌兩縣農牧業是很興旺的。在壽昌縣南十里有大渠，穿過渥窪池；壽昌縣石城北四里盛產葡萄，號葡萄城。又據巴黎藏敦煌石室寫本《沙州圖經》，甘泉（今黨河）流經馬圈口，百姓造堰。這大概為了截水灌溉。《壽昌縣地境》還說，縣東七里的大澤「水草滋茂，牧放六畜，並在其中」，是一片六畜興旺的牧場。曹氏政權重視頒佈曆日，今存敦煌曆日殘本尚有五種，這也可以說明敦煌地區農業的發達，因為農業生產要求盡可能準確的曆法。正是沙州經濟情況較好，曹氏才有物力大開莫高、榆林等石窟造像。

曹氏政權努力加強和中原王朝的聯繫。改變了過去張承奉和回鶻時有戰爭的狀態。這些戰爭造成沿途州鎮破散，「死者□□，生者分離異土，號哭之聲不絕，怨恨之氣沖天」⑯的慘狀，對於河西的生產和人民的安居，都十分不利。曹議金採取措施，修好於回鶻。他娶回鶻可汗之女為妻，又把女兒嫁給回鶻可汗。今天敦煌莫高窟中，身着回鶻服裝，題名「北方大回鶻國聖天可汗的子敕受秦國（或汧國）天公主隴西李氏」者和題名「甘州聖可汗天公主」者，即為曹議金妻和回鶻可汗妻（曹女）[17]。但由於過去西漢金山國附屬回鶻的影響尚存，曹議金在上回鶻可汗的狀文中，不得已仍稱他為「父大王」。到曹元德時，情況就不同了。由於曹氏在境內設縣置令，整頓吏治，置戍設防，加強軍事，實力大為增強。瓜、沙社會安定，生產發展，經濟狀況有很大改善。後晉天福二年（九三七），曹元德到甘州出巡，會見順化回鶻可汗時，雙方已經是平起平坐了。曹元德還遣使赴遼，和遼王朝建立關係。

瓜、沙和回鶻關係改善，推進了沙、瓜和中原的關係。《新五代史》指出：「沙州曹元忠、瓜州曹元深皆遣使來。周世宗時，又以元忠為歸義軍節度使，元恭為瓜州團練使。」其所貢有羚羊角、波斯錦等名貴物品。

河西人民對曹氏在維護祖國統一、促進河西安定方面的功績，表示高興。敦煌曲子詞《望江南》中歌頌曹議金「為國托西關」「壓壇河隴定羌渾」的業績，還表達了河西人民「數年路隔失朝儀，目斷望龍墀（宮殿前面的台階，指中原王朝）」的思念祖國的急切心情。

河西的瓜、沙地區，是絲綢之路的中轉站，由此往西，北路經吐魯番、庫車、拜城、巴楚、喀什進入中亞；南路經古樓蘭、民豐、于田、和田接喀什入中亞一路。于田即五代時的于闐國，它是絲綢之路上我國境內西端的一個重鎮。于闐，位於蔥嶺以東、大沙漠以南，背依莽莽的崑崙，唐時是安西都護府管轄下的四鎮之一。唐末五代之際，因中原擾亂而自立，稱于闐國。曹議金嫁女給于闐王李聖天，雙方來往密切，敦煌石窟壁畫反映了這種關係。後晉天福三年（九三八），李聖天派使者馬繼榮朝貢。後晉也派供奉官張匡鄴、判官高居誨冊封李聖天為大寶于闐國王。

我們從張匡鄴、高居誨兩人出使于闐國的經過，可以看出漢族和西北少數民族的團結友好的親密關係。這次出使是天福三年（九三八）十二月出發，天福七年（九四二）冬返回。關於這次艱苦而有意義的旅行，《新五代史．四夷附錄第三》有生動的記載：

張匡鄴、高居誨一行從靈州（今寧夏靈武）出發，過黃河，沿騰格里沙漠南緣党項控制地區，渡白亭河到達涼州（今武威）。這段路是「涉沙」而行，艱苦備嘗，但是，後晉使者無論在三公沙宿月支牙帳，或是在沙嶺歇息党項牙帳，都平安無事，看來是受到党項各部族酋長的殷勤款待。自涼州經河西走廊的重鎮甘州（今張掖），也受到回鶻統治區人民的禮遇和關懷，因為甘州西行要走一段沙漠路程，必須「載水以行」。甘州人民教張匡鄴一行給馬蹄安上木澀（sè），木澀有四個孔，馬蹄也鑿四孔，木澀即可裝在馬蹄上，也就是給馬裝上木掌，使馬能經得起沙漠跋涉。又教他們給駱駝蹄包上氂皮。接着過肅州（今酒泉），出天門關、玉門關，經吐蕃界，見到吐蕃男子也戴中原帽子，婦女頭髮打成辮子，戴着瑟瑟珠。當張匡鄴、高居誨等抵達瓜、沙時，受到歸義軍節度使、沙州刺史曹元深的熱烈歡迎。曹元深恭問後晉天子「起居」，表達了瓜、沙人民對祖國的一片深情。

瓜、沙以西是仲雲部族的居住區，據說它是小月支的後裔，勇而好戰，瓜、沙漢族人民畏之。仲雲酋長的牙帳設在胡盧磧，即漢代屯田故址。當張匡鄴等進入仲雲控制地區的大屯城時，仲雲酋長派四個宰相、三十七個都督前來歡迎。匡鄴宣讀後晉皇帝詔書，慰問備加，仲雲宰相、都督向東拜揖，以示對祖國的敬意。仲雲地界缺水，酷寒多雪，使者們每天溶雪取水。往西，是鹽磧沙漠，無水，使者們只能以濕沙敷胸止渴。

進入于闐國以後，張匡鄴一行過紺州、安軍州，抵達于闐城。國王李聖天熱情地款待遠道來的祖國使者，請他們品嘗濃郁芬芳的葡萄酒、香甜味美的蜜粳飯，給予使者們以兄弟民族的溫暖和友誼。

在于闐，張匡鄴、高居誨看到：國王李聖天「衣冠如中國」，殿宇向着東方，向着中原。他們和當時中原一樣「俗喜鬼神而好佛」。就是地名，也有銀州、盧州、湄州這樣一些漢族人民熟悉的稱呼。這都說明漢族政治、文化對于闐的影響。

三　吐蕃、党項、吐渾、突厥和漢族的交往

吐蕃在唐時是西北方強大的少數民族，到五代時已經衰落了。它所佔領的河西、青海地區，分別為回鶻、党項羌所據有，吐蕃各部或散居河西、隴右、青海地界，或退回今青海西部、南部和西藏境內。但吐蕃和中原王朝的聯繫，還繼續存在。後梁開平二年（九〇八），吐蕃使節到開封朝貢，後梁分別以吐蕃使臣為左、右領軍衛將軍同正。乾化元年（九一一），吐蕃使節又來到開封，朱溫召見於朝元殿，賞賜金帛。

後唐時，吐蕃使者數次來到洛陽，李嗣源曾接見他們，詢問吐蕃牙帳（首領駐地）所在，使者說：「在涇州西二千里。」李嗣源分別以吐蕃使臣為歸德大將軍、將軍、司候、司陛等職，並賞賜金帛。估計來朝貢的吐蕃使臣屬於吐蕃的不同部落。後晉時，吐蕃亦遣使來朝。

後周廣順二年（九五二），河西節度使申師厚奏，吐蕃首領折逋支等「請加恩命」。郭威勅授折逋支為銀青光祿大夫、檢校工部尚書。其他吐蕃首領也分別授予懷化大將軍、歸德大將軍等職。申師厚奏請自涇州安國鎮至西涼府，各立州名，補大首領為刺史。從申師厚的奏報看，這些吐蕃首領應該屬於散居河西、隴右地界的吐蕃各部落，後梁、後唐、後晉入京朝貢的大致也是這些部落的首領和使臣。

党項羌是西羌的別種，大抵散居於青海東南部至蜀之松州（今四川松潘）一帶山谷，分為許多部落，「其俗皆土著，居有棟宇，織毛罽以覆之」。⑱人民尚武，長壽。唐寶應、貞元以後，各部相率內附，分佈在延、夏、麟、勝等州（今陝西延安東北、大理河以北的紅柳河流域、神木以北及內蒙與陝西接界地區）。五代時，党項羌勢力有所發展，活動地區擴及今陝西、寧夏、甘肅三省。前蜀王衍時，秦州就是羌苗雜居之地。⑲

後唐時，党項首領紛紛入貢。後唐在西北沿邊置場，茶馬貿易相當繁榮。李嗣源為了「招懷」少數民族，對党項首領來洛陽買馬，不論馬的優劣，均厚給價錢，還沿途招待住宿。党項首領至京師，李嗣源親自接見慰勞。首領返回時，賞賜甚豐，以致國庫虧耗嚴重。後唐天成四年禁止党項首領到京師賣馬，只准在沿邊交易，但党項不聽。加上党項首領多次攔劫回鶻來京使者財貨，導致了後唐派兵打擊党項各部事件。

後周時，郭威和柴榮對党項的政策也是着重安撫，有利於雙方交往。僅對党項野雞族首領，曾有過討伐。當時党項已走向統一，正成為西北地區的割據勢力。

吐谷渾，原居青海。唐中葉吐蕃攻陷青海、河西以後，吐谷渾內遷河西。赫連鐸因參加鎮壓龐勳起義有功，官至振武軍節度使。後來，其部散居蔚州（今河北蔚縣）境。五代時，吐谷渾通稱吐渾。後唐初，吐渾的首領白承福，於中山（今河北定縣）北石門設柵為營，李存勗特置寧朔、奉化兩府，歸其管轄，以白承福為節度使，賜姓名為李紹魯。白承福部過着放牧生活，「其畜牧就善水草，丁壯常數千人，羊馬生息，入市中土，朝廷常存恤之」。[20]天成三年（九二八），白承福一次就進貢馬一百二十匹。吐渾貢馬、賣馬，正好適應後唐官民對馬匹的需要。

後晉時，燕雲十六州割給契丹，吐渾亦改隸契丹。契丹對吐渾施行民族壓迫，白承福遂與赫連公德各領本部三萬餘帳，脫離契丹南附。這一行動，和漢族人民反抗契丹民族壓迫的鬥爭相一致。但石敬瑭在契丹的壓力下，又將南附的吐渾各部送回契丹境。此後吐渾還和中原王朝有聯繫，常來朝貢。石重貴時，白承福入朝，拜大同節度使。在抗擊契丹鬥爭中，白承福率部協同後晉作戰。因遇暑熱，吐渾死亡相繼，就轉移到嵐、石等州（今山西嵐縣等地），白氏一族後被劉知遠所殺，吐渾這一部就衰落了。

突厥，在唐末已衰落，所屬諸部分別被各族所同化，只有若干部落尚獨立活動。同光三年（九二五），突厥使者渾解樓來朝貢。天成二年（九二七）、長興二年（九三一），突厥首領張慕晉、杜阿熟來朝貢。到了後晉，還有使臣薛同海來朝貢。

四　西南邊疆民族和漢族的交往

唐時，南詔統治着西南邊疆的廣大地區。自唐末以來，南詔因連年用兵，統治腐敗，政局發生了變化。在舜化王后臨朝時，朝政大權被鄭買嗣所奪。唐天復二年（九〇二），鄭買嗣發動政變，殺了蒙氏親族八百人，南詔滅亡。從此西南邊疆開始了鄭氏統治時期。

鄭買嗣奪取政權後，改國號為大長和。後梁乾化四年（九一四）十一月，大長和第二王鄭仁旻（鄭旻）發動了大規模的侵蜀戰爭，兵臨前蜀的黎州城（今四川漢源縣北）。黎州是前蜀西南重鎮，轄大渡河兩岸廣大地區。前蜀王建派夔王王宗範、兼中書令王宗播、嘉王王宗壽分任招討使、副使，率師出擊。前蜀兵自邛崍關南下，擊大長和兵於潘倉嶂，斬其清平官（宰相）趙嵯（cuó）政等，一直追擊至山口城。王宗範在山口城和王宗壽會合，再敗大長和軍，殺八千餘，擒趙龍眉等三人。接着王宗範等率兵摧毀了黎州南界的武侯嶺十三寨，並追擊至大渡河邊，「俘斬數萬級，蠻（指大長和兵）爭走渡水，橋絕，溺死者數萬人」。㉑正當王宗範準備過大渡河向南追擊時，王建下令撤兵。王建怕大渡河以南地形複雜，孤軍深入，勞而無功。

後唐同光三年（九二五），大長和鄭仁旻派使者鄭昭淳到廣州向南漢劉龔求婚，送去朱（紅）鬃白馬。劉龔以女增城公主嫁鄭仁旻。[22]仁旻生活腐化，服金丹（丹砂）成疾，於天成元年（九二六）暴卒，其子隆亶繼位。天成三年（九二八），鄭隆亶為東川節度使楊干貞所殺。大長和國亡。傳三主，歷時二十六年。

鄭昭淳「好學有文辭」，出使廣州期間，應劉龔邀參加遊宴，賦詩出色，與宴者皆不能及，這說明大長和的漢文化水平比較高。大長和時代，奴隸制經濟已開始向封建制過渡，象鄭昭淳這樣的顯貴，已有食邑一千戶。[23]所謂食邑，就是收取封邑內人戶賦稅。賦稅制度的確立，意味着生產者已有獨立經濟，他們就不是奴隸性質的生產者了。

楊干貞殺了鄭隆亶以後，擁立原大長和清平官趙善政為主，改國號為大天興。趙善政在位僅十個月，被楊干貞殺死。楊干貞改國號為大義寧。楊干貞統治時期，「貪虐無道，中外咸怨」。[24]通海軍節度使段思平起兵問罪。段思平打着清除楊氏亂政的旗號，借東爨三十七部力量，打到洱河尾，滅掉大義寧國，楊干貞逃走，後被殺。後晉天福二年（九三七），段思平改國號為大理。雲南的歷史從此進入新的一頁。

段思平的祖先段儉魏，武威人，是南詔首領雲南王閣羅鳳的部下。唐天寶時，鮮于仲通進攻雲南，段儉魏隨閣羅鳳抵抗唐軍，立有戰功，升任清平官。段思平建大理國後的情況，據《滇史》記載：「（段思平）盡逐楊氏邪臣，罪大者明正罰爽，表暴貞良。更易制度，損除苛令。於是遠近歸心，咸奉約束。」可見段思平針對楊干貞統治時期的弊政，進行了一系列的改革，使大理國的政治面貌一新。後蜀廣政二十三年（九六〇），大理國主段思聰，欲侵後蜀，其臣高侯認為不可。他以唐南詔、吐蕃侵蜀失敗的歷史教訓，警告段思平不要「以黷武釀內變」，以致「宗社不保」，說服段思平「練兵養民」，對大理的安定起了積極作用。

段氏王朝推行封建制，將段氏族人安排戍守要津，或讓他們領有富庶地區，這些人在其統治區內數世不易，形成世襲制度。封董伽羅為相國，高方為岳侯，分治成紀、巨橋等地。封東爨酋長爨判為巴甸侯。三十六部烏蠻也得到獎賞，並把土地分封給作戰有功的「些磨徒蠻」三公子。受封者對所封土地有世襲統治權，他們類似領主。貴族善闡高觀音管內人民有三萬三千戶。以上受封的段氏族人、大理貴族、部落酋長對屬下農戶徵收賦稅。如段氏族人即在管轄區內斂民賦稅，送交府庫。從這些情況看，大理國已是封建社會。大理國一直存在到南宋末年，蒙古憲宗三年（一二五三）忽必烈征雲南，滅大理國。

後唐天成二年（九二七），昆明國的大鬼主羅殿王、普露靜王九個部落的使者，隨同牂牁蠻使者到洛陽朝貢。昆明國是當時雲南境內的部落政權。牂牁蠻是貴州境內的少數民族㉕，以農為業，「稻粟再熟」。

其首領姓謝。這說明雲貴地區與中原的聯繫，即使在五代那樣亂世，也仍然存在。

注釋：

①《洛中紀異》（《資治通鑑考異》引）。
②陸游：《南唐書》卷十八，契丹傳。
③《遼史》卷七四，韓延徽傳附韓德樞傳。
④《遼史》卷四，太宗紀。
⑤《遼史》卷六〇，食貨志。
⑥《遼史》卷六〇，食貨志。
⑦《遼史》卷六〇，食貨志。

⑧《遼史》卷七二，宗室傳。

⑨《遼史》卷三九，地理志。

⑩《遼史》卷六一，刑法志。

⑪《遼史》卷六一，刑法志。

⑫《遼史》卷六一，刑法志。

⑬《遼史》卷四九，禮志。

⑭關於張承奉稱「金山白衣天子」和建國年代，王忠《新唐書吐蕃傳箋證》、王重民《金山國墜事零拾》、向達《唐代長安與西域文明》均定為唐天祐二年（九〇五）。《新五代史》記為後梁開平中，可能是根據消息傳入中原的時間。

⑮張承奉事跡見《國立北平圖書館館刊》九卷六號，王重民：《金山國墜事零拾》。

⑯王重民：《金山國墜事零拾》。

⑰ 賀世哲、孫修身：《〈瓜沙曹氏年表補正〉之補正》（《甘肅師大學報》一九八〇年第一期）。

⑱ 《舊五代史》卷一三八，党項傳。

⑲ 《十國春秋》卷四三，蒲禹卿傳。

⑳ 《五代會要》卷二八，吐渾。

㉑ 《資治通鑑》卷二六九。

㉒ 《南漢紀》云同光元年，以增城為劉隱女，此據《資治通鑑》。

㉓ 《南漢紀》卷二。

㉔ 萬曆《雲南通志》南詔始末、《滇載記》，轉引自《雲南各族古代史略》。

㉕ 隋、唐的牂州州治在今貴州黃平縣西北。所謂牂牁蠻，即指分佈在牂牁水流域的少數民族。

第五章　五代十國的文化藝術

一　趙瑩、劉昫和《舊唐書》

五代時期的修史活動，因時局動盪，王朝更迭頻繁，比唐朝大大不如，但也有一些成果。

先說唐史的編纂。後梁、後唐沒有編修前代史。後晉天福六年（九四一）二月，下詔修唐史。詔令說：「有唐遠自高祖，下暨明宗，紀傳未分，書志咸闕（缺），今耳目相接，尚可詢求，若歲月寖深，何由尋訪。」指定戶部侍郎張昭（張昭遠）、起居郎賈緯、秘書少監趙熙、吏部郎中鄭受益、左司員外郎李為光等修撰唐史，以宰相趙瑩監修。這一年的四月，因賈緯丁憂，另以刑部侍郎呂琦和侍御史尹拙參加修史。趙瑩奉命後就向石敬瑭寫了一個報告，說五十年來「四海沸騰，兩都淪覆，今之書府，百無二三」。請求下詔搜求唐書、實錄和私家史書。唐書指唐太宗、高宗、武后、中宗時陸續編成的國史，計一百三十卷。經歷戰亂，後晉時這部書可能已不易看到了，需要搜求。

當初，唐代實錄是比較完備的。「實錄起於蕭梁，至唐而盛。」唐人所修實錄，以《大唐創業起居注》為始，太宗、高宗、武后、中宗、睿宗、玄宗、肅宗、代宗、德宗、順宗、憲宗、穆宗、敬宗、文宗皆有實錄。《舊唐書．經籍志》只記載到中宗實錄為止，《新唐書．藝文志》則記載到武宗實錄為止。經唐末、後梁、後唐戰亂，到趙瑩等修《舊唐書》時，這些實錄可能已不齊。至於武宗以後諸帝實錄，一直未修成，是後人補修的。

據《五代會要》，咸通中宰臣韋保衡與蔣伸、皇甫燠（yù）所撰的武宗、宣宗兩朝實錄，光化初宰臣裴贄所撰的僖宗、懿宗兩朝實錄，「皆遇國朝多事，或值鑾輿播遷（指皇帝避難），雖聞撰述，未見流傳」。所以參加《舊唐書》編修工作的賈緯說：「武宗至濟陰廢帝凡六代，唯有《武宗實錄》一卷，餘皆闕略。」

除實錄以外，修史還需參考史館所藏曆書、制、敕、冊、書等檔案資料以及私家著作。經歷唐末以來的戰亂，這些也不大容易得到，需要收集。趙瑩的報告對於搶救史料是有重要作用的，為修唐史作了準備。在搜集散失資料的同時，還進行了資料的整理工作，如賈緯就根據搜訪到的遺文、耆舊傳說、諸家小說，編成《唐年補錄》（一名《唐朝補遺錄》）六十五卷，作為寫武宗以後這段歷史的藍本。

可見，趙瑩主持唐史編纂工作是有成績的，他和張昭、賈緯、趙熙等人，為完成第一部完整的唐史，作出了貢獻。宋人吳縝在《新唐書糾謬》中說：唐室三百年，傳世二十帝，興衰之跡，未有完史，「暨五季天福之際，有大臣趙瑩之徒，綴緝舊聞，次序實錄，草創卷帙，粗興規模，僅能終篇，聊可備數」。

這部唐史於後晉開運二年（九四五）六月修成奏上，名曰《唐書》，共二百三卷。這時主持編修的趙瑩已調任晉昌軍節度使，依照宰相監修國史的舊例，由平章事、監修國史的劉昫和張昭等人奏進，所以此書署「劉昫等撰」而不提趙瑩之名，事實上劉昫所作的事不多。這個問題，清人趙翼《廿二史箚記》、王鳴盛《十七史商榷》中都為趙瑩說了公道話。

這部《唐書》修成後沒有及時刻印。五代的雕版印刷大多是經書、曆書之類，刻印史書是宋代的事。

北宋統一南北後，社會安定，經濟繁榮，文化發展，民間舊時記載紛紛公諸於世，私人研究唐史的著作也較多出現，重修唐史的條件具備了，歐陽修、宋祁等人奉朝命新修了一部唐書。為了把趙瑩、劉昫修的唐書和歐陽修、宋祁修的唐書加以區別，前者叫《舊唐書》，後者叫《新唐書》。

關於兩部唐書的優劣，前人是有爭論的。曾公亮在奏進《新唐書》表中，攻擊《舊唐書》「紀次無法，詳略失中，文采不明，事實零落」。還說該書的作者是「衰世之士，氣力卑弱，言淺意陋」。王鳴盛認為這是宋人欲事改修，自不能不加以指斥。楊循吉則說《舊唐書》寫得詳贍，「足以上追史、漢，下包魏、陳，信乎史之良者，無以加於是矣」。

未免言過其實。《十七史商榷》對兩部唐書作了比較：「新書最佳者志、表，列傳次之，本紀最下；舊書則紀、志、傳美惡適相等。」新書作者看到較多唐代資料，加以宋人對唐史有新的研究成果，故新書增補之處相當多，特別是晚唐史事，新書較詳實。

《舊唐書》湮沒無聞了一個時期。明嘉靖中聞人詮重刻，這是保留下來的一個較早而又較完整的刻本。至於南宋紹興年間越州刻本，只殘存六十七卷。百衲本《舊唐書》是殘宋本與聞人詮刻本配補而成的。關於《舊唐書》的校勘記，有清人羅士琳等人《舊唐書校勘記》，近人張森楷《舊唐書校勘記》、龔道耕《舊唐書補校》等。現在通用中華書局標點本。

史家張昭、趙鳳、李昊、尹拙等人，在五代時或入宋以後，陸續編成後梁、後唐、後晉、後周和南唐、後蜀諸帝實錄以及其他著作；同光、天福間還校定了《唐令》三十卷。宋人是熱心研究唐史的，五代十國史也受到他們的注意。他們除完成《五代史》（又稱《梁唐晉漢周書》，即《舊五代史》）、《五代史記》（即《新五代史》）外，還寫出數量眾多的有關五代十國史籍，其中流傳至今的就不少。

二　「花間派」和李煜的詞

「花間派」之名來自後蜀趙崇祚編的《花間集》，這個集子編於後蜀廣政三年（九四〇），收錄了晚唐至後蜀溫庭筠、皇甫松、韋莊、薛昭蘊、牛嶠、張泌、毛文錫、牛希濟、歐陽炯、和凝、顧敻、孫光憲、魏承班、鹿虔扆、閻選、尹鶚、毛熙震、李珣等十八位作家的詞五百首。

「花間派」詞人用華麗的詞藻，描寫閨閣情思、樽前花下的貴族生活，詞的色彩濃而豔，香而軟，缺乏積極的內容。但花間派詞人重視創作技巧，精益求精，使詞得以脱離民間曲子詞階段，成為具有獨立藝術價值的文學體裁。

詞之所以在偏安一隅的前後蜀、南唐得到發展，是因為這兩個地區的社會經濟比較發達，城市繁華。地主階級在幾十年的偏安環境中，醉心花月絲竹，過着侈靡的生活。詞在這種社會條件下發展起來。

在蜀中詞人行列裡，韋莊（字端己）是成就較大者。韋莊的詞，多寫離情，感情纏綿。他的《荷葉杯》二首：

絕代佳人難得，傾國，花下見無期。一雙愁黛遠山眉，不忍更思惟。　閒掩翠屏金鳳，殘夢，羅幕畫堂空。碧天無路信難通，惆悵舊房櫳。

記得那年花下，深夜，初識謝娘時。水堂西面畫簾垂，攜手暗相期。　惆悵曉鶯殘月，相別，從此隔音塵。如今俱是異鄉人，相見更無因！

這首詞以「情意悽怨」打動讀者。這種「悽怨」之情，無疑是作者追念情人所產生的。「碧天無路信難通」，「從此隔音塵」，一對情人，如此結局，確是悲劇，不能不引起讀者的深切同情！

韋莊也寫過以思鄉為內容的詞，是頗有「家國之思的」（鄭振鐸語）。如《菩薩蠻》中的兩首：

人人盡說江南好，遊人只合江南老。春水碧於天，畫船聽雨眠。　壚邊人似月，皓腕凝雙雪。未老莫還鄉，還鄉須斷腸。

洛陽城裡春光好，洛陽才子他鄉老。柳暗魏王堤，此時心轉迷。桃花春水淥，水上鴛鴦浴。凝恨對殘暉，憶君君不知。

這兩首詞寫的是韋莊對當年在江南、洛陽生活的懷念。韋莊在蜀，雖然得志，但是國家的分裂，人民的往來隔絕，使他不能像過去一樣遊賞江南山水，享受洛陽春光。這兩首詞反映了他和當時許多流落他鄉的知識分子的苦悶，也就從一個角度反映了人民對五代時期分裂割據局面的不滿，因此有一些進步意義。

在這些情意纏綿的詞作中，韋莊並非一味濃妝豔抹，而是用秀麗的語言抒發自己的感情，在「花間派」中別具一格。

《花間集》中的多數作品，格調低下。歐陽炯、張泌、李珣、鹿虔扆的一些作品，題材有所開闢，沒有閨閣脂粉氣味。如歐陽炯的《西江月》和《南鄉子》：

月映長江秋水，分明冷浸星河。淺沙汀上白雲多，雪散幾叢蘆葦。　扁舟倒影寒潭，煙光遠罩輕波。笛聲何處響漁歌，兩岸蘋香暗起。

嫩草如煙，石榴花發海南天。日暮江亭春影淥，鴛鴦浴，水遠山長看不足。

這兩首詞，清麗動人。長江的秋水，海南的石榴花，像一幅幅山水花木畫一樣，展現在讀者眼前，給人以美的感受。

前蜀王衍和後蜀孟昶，雖不屬「花間派」詞人，但其詞與「花間派」有某種相似，同屬花月幽情、脂粉紅妝。「者邊走，那邊走，只是尋花柳。」（《醉妝詞》）刻劃出王衍尋花問柳的醜態；「冰肌玉骨清無汗，水殿風來暗香滿。」（《玉樓春》）則反映了孟昶的淫樂生活。

「花間派」詞人中，有一些是蜀以外的作家，如孫光憲。孫光憲的《清平樂》：「愁腸欲斷，正是青春半。連理分枝鸞失伴，又是一場離散。　掩鏡無語眉低，思隨芳草凄凄。憑仗東風吹夢，與郎終日東西。」離情愁思，不下韋莊之作。孫光憲詞中不乏清新爽目之作。如《風流子》：「茅舍槿（jǐn）籬溪曲，雞犬自南自北。菰葉長，水葓開，門外春波漲淥。聽織，聲促，軋軋鳴梭穿屋。」描寫如畫，使人有親臨農村之感。

在「花間派」之外，南唐中主李璟、後主李煜開拓了詞作的新天地。他們的作品在詞苑裡佔有重要地位。

李璟是李昪的長子，好讀書，善文詞。他作了皇帝之後，對於詞人，特別看重。馮延巳就是因詞作而升官的。有一次，李璟取笑馮延巳：「『吹皺一池春水』何干卿事？」馮延巳回答：「安得如陛下『小樓吹徹玉笙寒』之句。」「吹皺一池春水」是馮延巳詞《謁金門》中的一句。原詞是：

風乍起，吹皺一池春水。閒引鴛鴦芳徑裡，手挼（ruó）紅杏蕊。　鬥鴨闌干獨倚，碧玉搔頭斜墜。終日望君君不至，舉頭聞鵲喜。

「小樓吹徹玉笙寒」是李璟詞《攤破浣溪沙》中的一句。原詞是：

菡萏香銷翠葉殘，西風愁起綠波間。還與韶光共憔悴，不堪看。

細雨夢回雞塞遠，小樓吹徹玉笙寒。多少淚珠何限恨，倚闌干。

李煜是南唐最傑出的詞人。他是李璟的第六個兒子，初名從嘉，字重光。他不僅善於填詞，而且擅長書法、繪畫，精通音律。他即位時，南唐國勢已衰，宋朝正在虎視石頭城。李煜做了十五年小皇帝（九六一—九七五年），這是膽顫心驚的、為小國存亡憂慮不安的十五年。在這種環境下，李煜束手無策，唯以美人香醪安慰自己空虛的心。降宋以後，從皇帝寶座跌入囚徒的深淵，過的是「日夕以淚洗面」的日子，那痛苦更是難言了。

李煜前期的詞，主要寫宮廷生活，還有脂粉的香氣，但因時運日蹙，不免有抒發悲愁的內容。後期的詞，完全脫去了宮廷生活氣息，抒發了國破家亡的悲憤之情。如《望江南》：

多少恨，昨夜夢魂中。還似舊時遊上苑，車如流水馬如龍，花月正春風。

多少淚，沾袖復橫頤。心事莫將和淚滴，鳳笙休向月明吹，腸斷更無疑。

膾炙人口的《虞美人》和《浪淘沙》兩詞，把從皇帝到囚徒的悲傷，表現得分外真切和沉重，具有着極大的藝術感染力：

春花秋月何時了，往事知多少！小樓昨夜又東風，故國不堪回首月明中。　雕欄玉砌應猶在，只是朱顏改。問君能有幾多

愁？恰似一江春水向東流。（《虞美人》）

簾外雨潺潺，春意闌珊。羅衾不耐五更寒。夢裡不知身是客，一晌貪歡。　獨自莫憑欄，無限江山，別時容易見時難。流水落花春去也，天上人間。（《浪淘沙》）

李煜的詞，雖然藝術表現力量有其不容忽視的成就，但缺乏深刻的思想社會內容，常常把一些讀者帶入不健康的感傷情調中去。可是他把詞從「花間派」中突破出來，擴展了和提高了詞的表現生活和抒發情感的能力，對詞的發展，確有突出的貢獻。

下面簡述五代十國的詩。

蜀韋莊早年作品《秦婦吟》，假託一個少婦之口，自述在長安遇到黃巢起義軍入城以及她逃到洛陽的情景。詩僧貫休在杭州、成都等地留住，有幾首詩寫得真切動人，如《偶作五首》之一，寫出了蠶婦採桑餵蠶、不顧兒啼的辛勞與痛苦，但她們的絲織品，卻為酷吏所奪。花蕊夫人擅寫宮詞，在後蜀亡時，她作詩譏後蜀君臣之無能：「君王城上豎降旗，妾在深宮那得知。十四萬人齊解甲，寧無一個是男兒。」（《述國亡詩》）南唐李建勳的詩，有一些是描寫農村景物的（如《田家三首》）。韓熙載抱着統一的願望來到南方，壯志未酬，沉緬酒色，他的內心很矛盾：「僕本江北人，今作江南客。再去江北遊，舉目無相識。金風吹我寒，秋月為誰白。不如歸去來，江南有人憶。」（《感懷詩二章》之一）南唐詩人還有李中、張泌（不是蜀詞人張泌）和徐鉉、徐鍇兄弟等，楚有沈彬等，閩有韓偓、徐夤等，吳越有羅隱等，也都有名篇佳句傳世。

三　畫苑新枝

五代十國的繪畫，在中國畫史上有着不可忽視的地位。敦煌石窟藝術所反映的時代，上起十六國，下至宋、元，內容豐富，技巧精湛。敦煌石窟包括莫高窟、西千佛洞、安西榆林窟，至今還保存着五百五十多個洞窟，兩千數百身塑像，五萬多平方米壁畫。其中不少是五代時開鑿的洞窟。五代的壁畫，保留着唐代壁畫的傳統，又有自己的特點。

敦煌壁畫，據專家們研究，可分為三類。一類是佛像畫，它是壁畫中的主要部分。從五代時起，佛像畫中，單獨佛像更多了。佛像畫中最為人喜歡的是佛像上揚手散花、翩翩起舞的飛天（乾闥婆）；一類是佛經故事畫。晚唐五代的佛經故事畫，常以屏風畫的形式出現。宣揚釋迦牟尼生平事跡的佛傳故事，也有所發展。如六十一窟五代佛傳圖，共畫屏條三十二扇，從燃燈佛授記開始，至八王均分舍利為止，共有七八十個場面。其中太子議婚，宮廷娛樂等情節，大體是當時的宮廷生活，具有民族風格；一類是經變畫。以佛經為依據，作成繪畫的形狀，叫做經變或變相。敦煌石窟裡的經變畫，往往是一部經繪一幅畫的巨型結構。它盛行於唐代，到五代時還有。

五代壁畫，比起唐代壁畫，藝術水平差些。因為佛教藝術到五代時已趨衰落，壁畫已成公式化。五代石窟裝飾圖案比起唐代裝飾圖案來，紋樣不那麼豐富、精緻，結構不那麼嚴密、複雜，趨於工整單純，但也有一些精美的藻井和邊飾。

敦煌的五代壁畫還反映了各族交往的歷史進程。例如唐末歸義軍節度使（八九〇—八九三）索勳供養像場面較大，除索勳像外，還有他的兒子索承勳以及侍從武士和奴婢的像。供養人像中，還有于闐、回鶻人物像。如九十八窟中的于闐國王像，高三米有餘，高鼻、大眼、鬈髮，頭戴平天冠，身着袞龍袍，蔽膝，分梢履，腳下有天女承托，榜題為「大朝大于闐國大聖大明天子……即是窟主」。這是後梁末至後唐末歸義軍節度使曹議金為其女婿開鑿的功德窟。于闐國王身後一女像，戴鳳冠，穿回鶻翻領長袍，平頭繡花鞋。這是曹議金的女兒。這組像反映了西北地區漢族與回鶻族的和睦關係。①

五代十國的繪畫，繼承了唐代繪畫的傳統，並有所創新。據宋郭若虛《圖畫見聞志》所載，五代十國的知名畫家有九十一人，還不包括唐末活到五代初的刁光胤等在內。南唐、蜀、吳越等國的王室和士大夫們生活優裕，競奢鬥靡。這種風尚，使繪畫藝術走向追求觀賞性的道路。後蜀明德二年（九三五）創設翰林圖畫院，這是中國有正式的宮廷畫院之始。南唐相繼設立。畫院內聚集了一批著名畫家，互相討論研究，直接推動了繪畫藝術的發展。

下面簡要介紹一下五代十國時期的山水、花鳥畫。

北方的山水畫家，首推後梁的荊浩。荊浩，字浩然，河南沁水（今濟源東北）人，一作河內（今沁陽）人，隱居太行山的洪谷，專攻山水畫。他汲取唐代山水畫的長處，以水墨作為主要表現手段，自成一體。他多畫大山、大樹和全景式的構圖，尤愛畫雲中山頂，百丈危峰屹立在冥冥青空之中，給人以傲然出世之感。所繪《匡廬圖》，是傳世名畫之一。荊浩還潛心鑽研繪畫理論，著《筆法記》，所論精闢。

師承荊浩的北方畫家有關仝。師徒齊名，並稱荊關。據説關仝向荊浩學習繪畫時「寢食都廢，意欲逾浩」。他這種青出於藍的壯志，刻苦學習的精神，令人起敬。關仝學成之後，達到「筆愈簡而氣愈壯，景愈少而意愈長」的妙境，人稱「關家山水」。

江南的山水畫家，以董源、巨然為代表。董源，字叔達，做過南唐的北苑使，人稱董北苑。他的畫栩栩如生。據説李煜在碧落宮召見馮延巳，延巳走到宮門時停住腳。李煜叫人來催。延巳對來人説，有宮女着青紅錦袍當門而立，所以不敢進去。這人聽了奇怪，和馮延巳一同上前細看，原來是正門裡放着董源畫的八尺琉璃屏風，畫上的宮女，宛如真人。可見，董源的人物畫是何等傳神。宋人米芾（fú）撰的《畫史》説：董源的山水畫，「峰巒出沒，雲霧顯晦，不裝巧趣，皆得天真，嵐色鬱蒼，枝幹勁挺，咸有生意。溪橋漁浦，洲渚掩映，一片江南也」。這番評論是恰如其分的，董源的畫給人以真實的自然美感。

和董源齊名者是他的學生巨然。巨然和尚祖述董源筆法，專攻山水畫，技巧甚高。後人評論説：董、巨的畫，用筆甚草草，近看幾不類物象，遠看則景物粲然，「幽情遠思，如覩（睹）異境」。巨然在南唐亡後到開封，畫過學士院壁畫，轟動一時。以「淡墨輕嵐為一體」的董、巨山水畫，對後世的影響很大。宋、元、明、清四代，凡論山水畫者，無不對董、巨推崇備至。

蜀山水畫家之著名者為李昪。李昪所畫，曲盡蜀中山水之妙，幽閒秀雅，人們往往誤為唐王維所畫。

江南的花鳥畫大師是徐熙。李煜把他的畫掛在宮中，譽為鋪殿花。徐熙善於觀察事物，常常遊覽園圃，了解花鳥草蟲蔬果竹木的細微情狀，因此，他的畫能意出古人之外，具有不經裝飾的自然美。米芾《畫史》說，徐熙畫「桃兩枝綠葉蟲透背，一葉着桃上。二桃突兀，高出紙素」。令人觀之如真桃。據說宋太宗趙光義見到他畫的《石榴圖》，歎賞不止，令畫院的畫師們學習。徐熙的畫法，與眾不同，先用墨畫枝葉，然後設色，以黑色線條為主，設色技法為輔，「骨氣過人，風神瀟灑」，人稱「徐體」。

蜀的花鳥畫家以黃筌為首屈一指。筌字要叔，成都人，十七歲就當了王衍的待詔，是一個多才多藝的畫家。他曾向唐末名畫家刁光胤學花鳥竹石畫，又學李昇山水畫，學孫遇（孫位）人物畫。黃筌的長處在創新。據說他和孔嵩都拜刁光胤為師，孔嵩死守師法，沒有甚麼成就；而黃筌則不守師法，博取眾人之長，融會貫通，自成一體。從畫法上講，黃筌先用極細而不太濃的墨線，勾勒出物體的部位與輪廓，再填上彩色。這種畫法叫「勾勒法」，人稱「黃體」。黃筌曾為孟昶畫過六隻鶴，姿態各不相同，孟昶喜歡得很，把黃筌畫鶴的偏殿稱為六鶴殿。

後來「黃體」與「徐體」互相滲透，到徐熙孫子徐崇嗣手裡，創造出花鳥畫中的「沒骨法」。

南唐顧閎中、梅行思、周文矩、衛賢等，也是有成就的畫家。顧閎中善畫人物，名作《韓熙載夜宴圖》，據說是李煜叫他畫的。他夜裡到韓熙載宅，偷看韓熙載和賓客、歌女夜宴時觥籌（酒器和酒籌）交錯的神態，然後回家作成畫，反映了南唐統治階級的生活情況。梅行思畫雞最有名，世號梅家雞。周文矩精於畫仕女，色彩豔麗，深為李煜所賞識。衛賢長於畫樓台人物。還有貫休和尚，唐末避亂入蜀，所繪羅漢，稱譽一時。

在封建時代藝術上有成就的畫家，往往跳不出為貴族服務的圈子，這是時代條件的限制，不能過於苛求他們。但應指出，這種服務方向，不能不牽就貴族的審美觀點，必然脱離了人民大眾。

注釋：

①參見段文傑：《敦煌石窟藝術的內容及其特點簡述》（蘭州大學敦煌學研究組編：《敦煌學輯刊》第二期）。

後記

《五代史話》交稿了。沒有淡忘的二十年前的往事，又一次浮上了我的心頭。

記得是一九六三年，當時的北京市副市長、中國史學會北京分會會長吳晗教授，為了普及歷史知識，發起編寫一套按朝代分冊的史話叢書，由北京出版社出版。他自寫《明代史話》，並親自選定其他朝代史話的作者。原請南開大學楊志玖教授寫《隋唐史話》和《五代史話》，楊教授因教學忙，承諾寫《隋唐史話》而推薦我寫《五代史話》，並把我發表過的有關五代十國的幾篇文章，介紹給吳晗教授。吳教授看了這幾篇文章之後，同意由我來寫。這時，我還不認識楊、吳二教授，此事經過，是北京出版社顧平旦同志告訴我的。

還記得是一九六四年初春，北京出版社召開了一次編寫會議。會議由吳晗教授主持，出席的有鄧拓、鄧廣銘、馮家昇、林漢達、漆俠、蔡美彪、黎澍、戴逸等學者教授和我，楊志玖、程應鏐等教授請假。（以上人名排列按簡體姓氏筆劃排列）會上，除了一般的交換意見外，還印發了程教授從上海寄來的《南北朝史話》中的一章，進行了具體的討論。會後，有幾個朝代的史話和《五代史話》先後擬出提綱，由北京出版社印發，進行交流。

由於不久就到農村參加「四清」運動，只有一部史話寫出初稿並印出清樣。接着是「文化大革命」，吳晗教授含冤逝世，這項工作便停頓了。

粉碎「四人幫」以後，學術界迎來了春天。北京出版社決定出版這套史話叢書，重行組稿。過去承諾的作者，有的死，有的病，有的老，有的忙，只有程應鏐教授和我繼續寫下去。

* * *

五代十國是大分裂的亂世，頭緒多，資料少，研究成果不豐富。《五代史話》雖是一本通俗讀物，但我不以介紹現有成果為滿足，還想進行一些新的探索。特和廈門大學鄭學檬同志合作，並囑他在寫作中遇到困難時就近向韓國磐教授請教。我則與北京出版社編輯部諸位同志保持聯繫，交換意見。

第一稿寫出來之後，感到分量小些，顯得薄弱。擴充為第二稿，分量是大些了，但顯得臃腫。在寫第三稿之前，我分析了一、二稿的毛病，提議改變政治、經濟、文化等章節都按照五個王朝、十個小國逐一介紹的舊寫法，代之以現在的新寫法，即：（一）先簡要介紹一下五個王朝、十個小國的概況，使讀者對這個大分裂的亂世，有輪廓的了解。（二）把五代十國的政治特點，歸納為幾個問題，按問題寫；把五代十國的經濟情況，按農業、手工業、商業幾個部門寫；把五代十國的文化成就，按史、詞、畫幾個領域寫……這樣，既可展開來談，又不使讀者感到前後重複。這是《五代史話》的一個新嘗試。我的提議，得到鄭學檬同志的同意和北京出版社的支持，第三稿順利寫成了。

我與鄭同志雖分居兩地，從草擬提綱到寫成第三稿，都經過通信，共同商量，由他執筆，由我修改定稿。

我想把《五代史話》寫得好些，既是對讀者負責，也力求不辜負吳晗教授生前的期望。雖然我和他只一起開過一次會，沒有交誼可言；但對於他必須看了我的文章之後才決定由我來寫《五代史話》這種認真的精神，是我所永不能忘的。限於水平和資料，現在寫的這本《五代史話》還是不夠理想的，我決心繼續努力，以後再作修改補充。

對於支持和幫助過這本小書的楊、韓教授和北京出版社的同志們，致以衷心的感謝。

一九八三年十二月，卞孝萱於北京。

責任編輯　梅　林
書籍設計　林　溪
責任校對　江蓉甬
排　　版　周　榮
印　　務　馮政光

書　　名　五代史話
叢 書 名　大家歷史小叢書
作　　者　卞孝萱　鄭學檬
出　　版　香港中和出版有限公司
Hong Kong Open Page Publishing Co., Ltd.
香港北角英皇道四九九號北角工業大廈十八樓
http://www.hkopenpage.com
http://www.facebook.com/hkopenpage
http://weibo.com/hkopenpage
Email: info@hkopenpage.com
香港發行　香港聯合書刊物流有限公司
香港新界荃灣德士古道二二〇—二四八號荃灣工業中心十六樓
印　　刷　美雅印刷製本有限公司
香港九龍官塘榮業街六號海濱工業大廈四字樓
版　　次　二〇二一年二月香港第一版第一次印刷
規　　格　三十二開（128mm × 188mm）二八〇面
國際書號　ISBN 978-988-8694-35-8